Erika Brödner · Die Küche als Arbeitsplatz

Erika Brödner

Die
Küche
als
Arbeitsplatz

Ein Ratgeber für Ausstattung
und Einrichtung

Udo Pfriemer Verlag · München

CIP-Kurztitelaufnahme der Deutschen Bibliothek

Brödner Erika:
Die Küche als Arbeitsplatz:
Ein Ratgeber für Ausstattung und Einrichtung
Erika Brödner. — München: Pfriemer, 1981.
ISBN 3-7906-0103-9

Mit 62 Abbildungen

ISBN 3-7906-0103-9
© 1981 Udo Pfriemer Verlag GmbH
Landwehrstraße 68, D-8000 München 2

r 1-8102-2(1.)

Printed in Germany
Druck: Eimannsberger, München

Nachdruck und Vervielfältigung von Text und Bild nur
nach vorheriger schriftlicher Genehmigung des Verlages.

Inhaltsverzeichnis

	Seite
Ein paar Vorbemerkungen zum Thema Küche	7
Küchenarten und Küchentypen	13
Die Arbeits- oder Kochküche	13
Die Eßküche bzw. die Küche mit Imbißplatz	14
Das amerikanische „work center" und der europäische Hausarbeitsraum	14
Die „offene" oder integrierte Küche	17
Die Kochnische	17
Einbauküchen für Behinderte	18
Küchenausstattung	19
Arbeitsflächen	19
Kochzentrum	24
Gasgeräte	31
Spülzentrum	34
Schrankraum	39
Kühlschrank und Gefriertruhe	44
Eß- oder Imbißplatz	47
Der Hausarbeitsraum	51
Die bauliche Gestaltung der Küche	55
Lage der Küchenaußenwand	55

Inhaltsverzeichnis

Raumgröße 55
Küchenformen 59
Installation 63
Entlüftung 67
Müllbeseitigung 69

Küchenplanung 70
Integration der Küche in den Wohnbereich 71
Küchengestaltung 72
Planung einer Küche für den Neubau eines Eigenheims 73
Modernisierung im eigenen Haus oder in der
Eigentumswohnung 83
Veränderungsmöglichkeiten in einer Mietwohnung 84
Altbaurenovierung 87

Die AMK (Arbeitsgemeinschaft Moderne Küche) 94

Kleiner Spaziergang durch die Küchengeschichte 98

Anhang: Testen Sie Ihre Küche 105

Suchwörterverzeichnis 109

Ein paar Vorbemerkungen zum Thema Küche

Die Küche bildet das Herzstück unserer Wohnung – so wenigstens möchten uns die modernen Küchenplaner glauben machen, und sicherlich kommen sie damit auch vielfach den Wünschen der Hausfrau entgegen. Früher diente die Küche lediglich als Arbeitsraum, quasi als „Werkstatt der Hausfrau", während man heute mehr und mehr dazu übergeht, sie in den Wohnbereich zu integrieren. Sie hat dabei ganz bestimmte Funktionen für die Hausarbeit zu erfüllen, ist dabei aber auch teilweise zum Hobbyplatz für alle Familienmitglieder geworden. Die weitgehende Automatisierung der Einrichtung hat dazu beigetragen, die Arbeit der oft berufstätigen Hausfrau zu erleichtern und auch für die anderen Familienmitglieder attraktiver werden zu lassen.

Noch in den zwanziger Jahren wäre an eine solche „Traumküche" nicht zu denken gewesen. Doch begannen die Architekten bereits damals, sich über die Rationalisierung der Hausarbeit, eine zweckmäßige Gestaltung der Kücheneinrichtung sowie eine sinnvolle Einordnung der Küche in den Wohnungsgrundriß Gedanken zu machen. Diese Entwicklung wurde durch soziale Überlegungen gefördert, wie man den Erfordernisssen der modernen Industriegesellschaft und der ständig wachsenden Bevölkerung, vor allem in den Städten, Rechnung tragen könne. In allen europäischen Ländern wurden neue Siedlungsformen entwickelt; es entstanden

Ein paar Vorbemerkungen. . . .

Häuserzeilen und Hochhäuser anstelle von Einfamilienhäusern mit genormten Grundrissen und Bauteilen.

Von richtungsweisender Bedeutung waren die großen Siedlungsvorhaben in Deutschland, vor allem in Berlin, Celle (dort wurde in der von Otto Haesler konzipierten Siedlung Georgsgarten erstmals konsequent die „Organisation eines Baugedankens" durchgeführt), Stuttgart, Frankfurt und Zürich. Uns interessiert in diesem Zusammenhang vor allem die Grundrißgestaltung der Wohnungen in der „Ernst-May-Siedlung" in Frankfurt. Hier wurde von der Architektin Schütte-Lihotzky die sog. „Frankfurter Küche" entwickelt, die man als „standardisierte Kleinstküche mit vollständiger Einrichtung" bezeichnet hat.

Bild 1: Die „Frankfurter Küche", eine standardisierte Kleinstküche.

Ein paar Vorbemerkungen . . . .

Auch nach dem Krieg ging der vom Bauhaus geschaffene Anstoß nicht verloren. Schweden, England, die Schweiz und vor allem die USA entwickelten Elektroherde und Spültischanlagen aus Nirosta sowie Küchenmaschinen aller Art, ferner die Voraussetzungen für die Gestaltung von Einbauküchen.

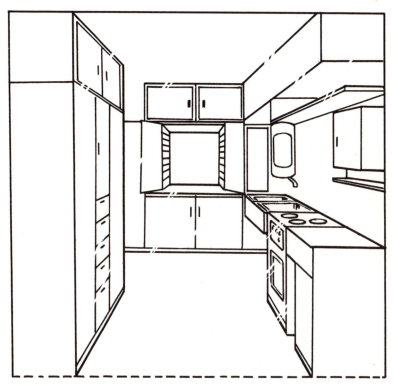

Bild 2: Eine englische Elektro-Normküche.

Der deutschen Industrie gelang es nach der Währungsreform verhältnismäßig rasch, den Anschluß an die internationale Entwicklung zu finden und sich mit eigenständig erar-

Ein paar Vorbemerkungen....

beiteten Lösungen einen führenden Platz auf dem Weltmarkt zu sichern.

Nicht ganz so schnell gelang die Umstellung auf die veränderten sozialen Verhältnisse in bezug auf die Arbeit im Haushalt. Die Gleichberechtigung zwischen Mann und Frau hat sich hier wohl noch immer nicht ganz durchsetzen können.

Der im folgenden geschilderten Fall tritt im Alltag sicherlich häufiger auf, als man glauben möchte.

Ein Ehepaar, Hermann und Sabine, mit zwei Kindern im Alter von 9 und 7 Jahren, hat sich eine Eigentumswohnung gekauft. Sie haben seit längerer Zeit auf einen Bausparvertrag eingezahlt, aber der angesparte Betrag reicht nur, wenn Sabine halbtags arbeitet. Nach Unterzeichnung des Kaufvertrags ist ihre Freizeit mit Planen und Rechnen ausgefüllt. Sabine wünscht sich eine praktische, moderne Einbauküche mit Eßplatz. Sie hat Prospekte besorgt und Angebote eingeholt. Nun reicht sie dem Ehemann ihre Aufstellung. Den interessiert natürlich in erster Linie die Endsumme, eine vierstellige Zahl mit einer 8 am Anfang. Sein Kommentar lautet spontan: „Unmöglich – viel zu viel Geld für das bißchen Küche – letztlich stehen uns noch mehr Anschaffungen ins Haus – das läßt sich bestimmt auch billiger machen." Es folgt eine lange Diskussion, am Ende gibt es Tränen. Schluchzend erklärt Sabine: „Mir reicht's. Die Küche ist jetzt deine Sache."

Dies ist natürlich ein extremes Beispiel, das sich aber in Abwandlungen immer wieder finden dürfte. Dabei sollte gerade der Arbeitsplatz für eine berufstätige Hausfrau besonders rationell gestaltet sein, um unnötigen Zeit- und Kraftaufwand sparen zu helfen.

Die Arbeit der Hausfrau erfordert zwar keine Spezialkenntnisse, dafür aber mannigfaltige Geschicklichkeit und die unterschiedlichsten Fähigkeiten, sowie Aufgeschlossenheit für Fragestellungen aller Art. Ein Teil dieser Arbeiten besteht aus mechanisch auszuführender Handarbeit, ein großer Teil kann jedoch nur als geistige Arbeit geleistet werden (Vorbereitung, rationelle Planung), und bei fast allen Arbeiten im Haushalt ist der volle Einsatz der Frau erforderlich. Die Größe des Haushalts wechselt im Laufe des Lebens, ebenso wie der Um-

Ein paar Vorbemerkungen. . . .

fang und die Art der Tätigkeiten. Die finanziellen Mittel hängen von der Höhe des Familieneinkommens ab. Über die sachgemäße Verteilung der Gesamtsumme auf die einzelnen Bereiche sollten im Normalfall gemeinsame Beschlüsse gefaßt werden.

Nachdem heute kaum mehr Haushaltshilfen zu bekommen sind, hat die Entwicklung der modernen Gerätetechnik und die Einführung rationellerer Arbeitsmethoden dafür weitgehend einen Ausgleich geschaffen. Früher hatte die Hausfrau wesentlich mehr körperlich anstrengende und ermüdende Arbeiten zu verrichten, die heute Küchengeräte und -maschinen übernommen haben. Die Automatisierung im Haushalt erlaubt es der Hausfrau, in der Zwischenzeit anderen Tätigkeiten nachzugehen. Normung und Typisierung der Geräte und Möbel ermöglichen eine verbilligte Herstellung, erleichtern den Einbau, die Umgruppierung, die Austauschbarkeit, das Nacheinanderanschaffen, den Umzug. Serien- und Massenanfertigung von Geräten, Maschinen, Einrichtungsgegenständen, Möbeln, sowie Installationen sind die Voraussetzung dafür, die Anschaffungskosten niedrig zu halten und damit für breite Kreise erschwinglich zu machen.

Ziel der Technisierung und Rationalisierung des Haushalts ist die Arbeitserleichterung für die Hausfrau. Was damit erreicht wird, sind: Kraftersparnis, Herabsetzung der Betriebskosten, Verschiebung des Schwergewichts von der Handarbeit auf die Kopfarbeit. Ortega y Gasset hat dafür eine klassische Formulierung gefunden: „Technik ist die Anstrengung, Anstrengungen zu vermeiden."

Sehr früh schon hat der Mensch begriffen, daß die Effizienz einer jeden Arbeit ganz wesentlich von zwei Faktoren abhängt: von der Wirksamkeit der Arbeitstechnik und der der Arbeitsmittel, d. h. der Werkzeuge im weitesten Sinne des Wortes. Nur wenn Arbeitsweise und Werkzeug auf den angestrebten Nutzeffekt hin wohldurchdacht und richtig gestaltet sind, kann ein hoher Wirkungsgrad erzielt werden.

Da Hausarbeit im Prinzip mit jeder anderen Arbeit vergleichbar ist, läßt sie sich genauso nach rationellen Gesichtspunkten beurteilen und gestalten wie die Arbeit in Industrie

Ein paar Vorbemerkungen....

und Dienstleistungsbetrieben. Die Schwierigkeit besteht nur darin — und das ist der Grund, warum diesbezüglich noch verhältnismäßig wenig geschehen ist —, daß es sich hierbei um sehr viele ganz kleine Betriebe handelt, die für eine Schulung schwer zu erfassen sind.

Wie sehen nun die Mittel und Wege aus, mit deren Hilfe man trotz des derzeit vorhandenen Überangebots auf dem Küchensektor zu einer den individuellen Wünschen und finanziellen Möglichkeiten entsprechenden Küche kommen kann, in der neben aller technischen Perfektion auch die gemütliche Wohnatmosphäre nicht zu kurz kommt? In der es sich, um es auf einen kurzen gemeinsamen Nenner zu bringen, leben läßt?

An dieser Stelle haben wir den entscheidenden Punkt berührt und können nun anhand der aufgezeigten Problematik Zweck und Ziel dieses Buches erläutern.

Zunächst wird ein Überblick über die derzeit vorhandenen Möglichkeiten und Angebote auf dem Küchensektor gegeben. Der Leser erhält Angaben über Küchenarten, Geräte, Maschinen und Möbel für Küche und Hausarbeitsraum. Außerdem erhält er Informationen über die verschiedenen Energieversorgungsarten im Haushalt, über Zeit und Kraft sparende Maßnahmen beim Arbeitsablauf in der Küche durch wohlüberlegte Anordnung der Hausarbeitsplätze und ihre architektonische Gestaltung. Der zweite Teil dient als Leitfaden zur Küchenplanung. Ob es sich dabei um Neubau, Umbau, Altbaurenovierung oder allgemein um Modernisierung handelt, hier finden sich Anleitungen für das richtige Vorgehen beim Entwurf, der Planung und dem Einkauf Ihrer neuen Küche.

Noch nie war die Fülle des Angebots so groß; noch nie konnte man sich durch Einsatz von Geräten und Maschinen die Hausarbeit derart erleichtern. Zudem steigt das Durchschnittseinkommen des Bundesbürgers weiterhin an und erlaubt in zunehmendem Maße Neuanschaffungen. Und dennoch: Wer die Wahl hat, hat die Qual! Diese etwas zu erleichtern, ist Sinn und Absicht dieses Buches.

Küchenarten und Küchentypen

Die Küche ist der größte Arbeitsplatz der Welt. Hier bereitet die Hausfrau das Essen zu und erledigt andere Hausarbeiten wie Waschen, Bügeln, Schuhe putzen etc. In vielen Wohnungen dient die Küche darüber hinaus als Eß- oder Imbißraum für die ganze Familie.

Diese Funktionsbereiche, die jeweils verschiedene Einrichtungsgegenstände und Geräte erfordern, können innerhalb der Wohnung getrennt oder in einem, evtl. unterteilten Raum zusammengefaßt werden. Dafür gibt es verschiedene Möglichkeiten.

Die Arbeits- oder Kochküche

Sie dient ausschließlich dem hauswirtschaftlichen Tätigkeitsbereich. Wichtig für einen rationellen Arbeitsablauf ist die funktionsgerechte Anordnung der Arbeitsplätze und eine gute Verbindung zwischen Küche und Eßplatz. Denn diesen Weg legt die Hausfrau viele Male am Tag zurück, wobei sie meist ein schweres Tablett o. ä. zu tragen hat.

Die Arbeitsküche hat den Vorteil, daß sie den wirtschaftlichen Tätigkeitsbereich von der übrigen Wohnung trennt. Voraussetzungen dafür sind allerdings eine gute Geräusch- bzw. Geruchsisolation. Nachteilig können sich hier längere

Küchenarten und Küchentypen

Transportwege und eine aufwendigere Raumpflege am Eßplatz auswirken.

Die Eßküche bzw. die Küche mit Imbißplatz

Diese Küchenform ist heute sehr beliebt, da sie der Hausfrau manche Arbeit erleichtert. Von Vorteil ist, daß die Gerüche der Speisen auf einen Raum beschränkt bleiben, der gut entlüftet werden kann. Außerdem behält die Hausfrau während der Hausarbeit engeren Kontakt mit der Familie. Verlangt das unterschiedliche Tagesprogramm der einzelnen Familienmitglieder mehrfaches Anrichten, läßt sich das in einer Eßküche ohne großen Mehraufwand an Arbeitszeit bewerkstelligen.

Nachteilig an dieser Lösung ist, daß der Eßplatz in der Küche wenig gemütliche Atmosphäre während der Mahlzeiten zuläßt.

In den USA plant man deshalb schon seit langem in der Küche eine Eßtheke ein, wo die kleineren Mahlzeiten eingenommen werden können. Der eigentliche Eßtisch befindet sich dagegen in einem angrenzenden Raum; dort ißt die Familie am Abend und an den Wochenenden, wenn alle zuhause sind. Auch in den skandinavischen Ländern ist es üblich, in der Küche einen Auszieh- oder Klapptisch als Imbißplatz vorzusehen.

Laut neuesten demoskopischen Umfragen wünschen sich heute die meisten deutschen Hausfrauen einen solchen Imbißplatz. Auf die entsprechenden Gestaltungsmöglichkeiten wird in einem gesonderten Kapitel eingegangen. (s. S. 47)

Das amerikanische „work center" und der europäische Hausarbeitsraum

Die Amerikaner sind bekannt für ihren „american way of life" (volltechnisierter Haushalt, Ganztagsschulen, freie Wochenenden für alle Familienmitglieder mit Einkaufsmöglichkeit im Supermarkt usw.), und sie haben auch einen

Küchenarten und Küchentypen

Bild 3: Eine moderne Küche in Holz-Kunststoff-Kombination.
Das Design wird charakterisiert durch horizontale Griffleisten in heller Eiche, durch abgerundete Kanten sowie durch Graphik-Dekors mit samtartiger Oberfläche. Die Fronten können entweder creme- oder bambusfarben gestaltet werden.

Küchenarten und Küchentypen

besonderen Wohntyp entwickelt, das sog. „work center": In einem großen, unterteilten Raum findet sich die Familie zu hauswirtschaftlichen Arbeiten, Hobbybeschäftigung, Kinderspiel und zum Essen zusammen. Dieser Raum ist entsprechend seinen Funktionen aufgeteilt und gegliedert. Problematisch dürfte hier jedoch sein, daß man sich gegen die verschiedenen Geräusche (der Kinder, des Radios, der Küchengeräte) nicht abschirmen kann.

Bei uns hat sich in den letzten Jahren eine andere Lösung durchgesetzt: Unmittelbar an die Küche schließt sich der sog. „Hausarbeitsraum" an, in dem alle zusätzlichen Tätigkeiten wie Waschen, Bügeln, Nähen usw. vorgenommen und Geräte, Putzmittel und Wäsche aufbewahrt werden können. Die zweckmäßige Ausstattung dieses Raumes wird im Anschluß an die Arbeitsplätze der Küche behandelt. (s. S. 51)

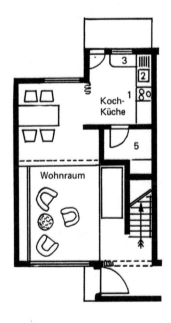

Bild 4: Work-Center in einem amerikanischen Wohnhaus.

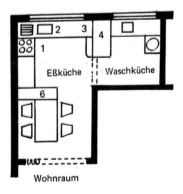

Bild 5: Work-Center in rechtwinkliger Anordnung.

Küchenarten und Küchentypen

Die „offene" oder integrierte Küche

Berühmte Architekten wie Richard J. Neutra haben bereits in den fünfziger Jahren beispielhafte Anlagen integrierter Küchen geschaffen. Die offene Küche bildet das Zentrum des Wirtschaftsbetriebes, von wo aus die Hausfrau alle Tätigkeiten dirigieren kann. Der Grad der Integration in den Wohnbereich ist unterschiedlich. So kann sich die Küche beispielsweise an die Eßecke eines L-förmigen Wohnraumes anschließen oder durch eine Schiebetür in Gangbreite zeitweilig abgetrennt werden. Damit hat man von der Sitzecke im Wohnzimmer aus keinen Einblick in die Küche. In einem anderen Fall befindet sich die Küche am Ende eines langgestreckten Wohn-Eßraumes, von dem sie nur durch eine niedrige Schrankwand oder durch Regale abgetrennt ist. Bei einer dritten Lösung sind die Arbeitsplätze unmittelbar im Zentrum eines großen Wohnraums angeordnet.

Eine vollständig in den Wohnbereich integrierte Küche wird heute vielfach auch bei uns gewünscht. Voraussetzung für gute Lösungen sind eine „wohnliche" Gestaltung des Arbeitsbereiches und eine perfekte technische Ausstattung einschließlich einer einwandfrei funktionierenden Entlüftungsanlage.

Die Kochnische

Die Kochnische bzw. der in einer Nische eingebaute „Küchenblock" ist Teil eines größeren, durch Fenster belichteten und entlüfteten Raums. Geruch und Schmutz verursachende Arbeiten werden vom Wohnbereich gesondert verrichtet. Kochnische und Wohnraum sind durch einen, möglichst abwaschbaren Vorhang, eine Schiebetür, ein Schubfenster oberhalb der Anrichte oder Schranktüren getrennt. Für solche Kleinküchen, wie sie in Studios, Einzimmerappartements und Ferienwohnungen bevorzugt werden, ist eine einreihige Installationszeile besonders geeignet.

Küchenarten und Küchentypen

Einbauküchen für Behinderte

Einbauküchen für Behinderte bieten seit kurzem verschiedene Firmen an. Diese Serien sind nach längeren Entwicklungsphasen und Tests in Therapiezentren entwickelt worden. Die „medi-Küche" ist individuell auf eine Arbeitshöhe von 78 cm−90 cm einstellbar. Sie ist mit dem Rollstuhl unterfahrbar. Die Hauptarbeitsflächen, Spüle und Herd sind sogar kniefrei voll unterfahrbar. Die Küchen sind in sieben Farben aus Holz oder Kunststoff lieferbar. Dieses Programm wird durch Spezialbesteck und -zubehör ergänzt.

Küchenausstattung

In erster Linie wird in der Küche, wie der Name schon sagt, gekocht. Für jede warme Mahlzeit sind folgende Arbeitsgänge notwendig: Vorbereiten, Kochen, Anrichten, Tisch decken, Auftragen, Essen, Abräumen, Abwaschen und Aufräumen. Dementsprechend sollte eine moderne Küche drei Arbeitszentren haben: einen Bereich für Vorbereiten und Anrichten, einen Kochbereich und ein Spülzentrum.

Arbeitsflächen

Da das Vorbereiten je nach Art der Speisen unterschiedliche Tätigkeiten erfordert, muß dieser Bereich innerhalb der Küche besonders sorgfältig geplant und ausgestattet werden, um einen reibungslosen Arbeitsablauf zu ermöglichen. Auf diese Weise läßt sich viel Zeit- und Kraftaufwand einsparen.

Die Erfahrung hat gezeigt, daß mehrere Arbeitsflächen in verschiedener Höhe vorhanden sein sollten: Eine große Arbeitsfläche in der Abmessung von 120 x 60 cm und mindestens zwei Steckdosen in Reichweite, eine kleine Arbeitsplatte von 60 x 60 cm zwischen Herd und Spülzentrum und eine Arbeitsplatte in einer Höhe von 65 cm zum Herausziehen für Arbeiten im Sitzen. Eine schematische Darstellung der Arbeitsplätze wurde von der Arbeitsgemeinschaft Moderne Küche erarbeitet und im Merkblatt AMK S 004 veröffentlicht. Sie gilt als Grundlage für jede moderne Küchenausstattung.

Küchenausstattung

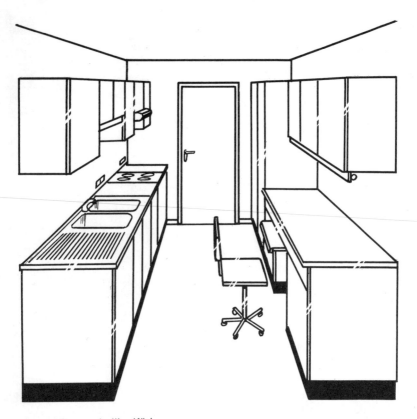

Bild 6: Eine zweizeilige Küche.

Als praktisch erwiesen haben sich außerdem Abstellplatten zum betriebsbereiten Aufstellen von Maschinen und Geräten mit entsprechenden Elektroanschlüssen. Nebenbei bemerkt: An Steckdosen sollte es in einer modernen Küche auf keinen Fall mangeln. Das Angebot an Elektrogeräten steigt ebenso wie der Wunsch nach Arbeitserleichterung.

Arbeitsflächen in Tischhöhe bieten die Küchenmöbelhersteller zwischen 90 und 85 oder 80 cm an, wobei variable Sockelhöhen auch zwischen diesen Werten liegende Maße ermöglichen. Außerdem sollten sie zweckmäßig beleuchtet sein, d. h. das Licht darf für den Arbeitenden nicht von hin-

Küchenausstattung

Bild 7: Blick in eine Küche mit Eßplatz.

Küchenausstattung

ten kommen. Die Abdeckung der Arbeitsflächen sollte leicht zu reinigen, säureunempfindlich, hitzebeständig und schnittfest sein.

Günstig ist es, wenn ein Oberschrank mit Schüttensatz und Gewürzständer in unmittelbarer Nähe der Hauptarbeitsfläche angebracht ist, so daß sein Inhalt für den Arbeitenden griffbereit ist. Dasselbe gilt für die Schublade, die Küchenbesteck, Kochlöffel usw. enthält. Der Abfallbehälter sollte ebenfalls in der Nähe untergebracht sein.

Kleine Helfer für die Hausfrau sind ferner ein fahrbarer Drehstuhl und ein zusammenklappbarer Tisch auf Rollen als zusätzliche Fläche zum Anrichten und Servieren.

Bild 8: In einem Oberschrank lassen sich Gewürze und Lebensmittel in Griffnähe zur Hauptarbeitsfläche aufbewahren.

Küchenausstattung

Bild 9: Abstellplatte mit Brotschneidemaschine.

Für die Unterbringung von Küchenmaschinen und deren mühelose Benutzung ist in jedem Küchenprogramm ein geeigneter Unterschrank vorgesehen. Es gibt betriebsbereit eingebaute Küchenmaschinen mit Spezialeinsätzen für die Zubehörteile, aber auch Maschinenschränke mit ausschwenkbarem Boden für beliebige Fabrikate. Für bestimmte Maschinen kann eine Anschlußplatte in die Tischfläche eingelassen werden, so daß die Küchenmaschine unmittelbar im Arbeitsbereich gebrauchsfertig ist.

Die Abbildungen 8 und 9 zeigen einige interessante Einzelheiten für die Ausstattung dieses Arbeitsbereichs.

Noch ein Wort zum Thema Küchenmaschinen. Hier haben sich die „kleinen Spezialisten" mehr und mehr durchgesetzt, weil sie leichter zu handhaben und zu reinigen sind als die Universalgeräte. Sie lassen sich auch besser unmittelbar am Arbeitsplatz unterbringen.

Beim Einbau in das Küchenprogramm sollten allerdings folgende Punkte berücksichtigt werden: Küchenmaschinen erleichtern nur dann die Arbeit,

- wenn sie häufig benutzt werden,
- wenn die Gewohnheiten und die Größe des Haushalts ihre Anschaffung rechtfertigen,
- wenn sie in Wartung und Reinigung möglichst unproblematisch sind
- und wenn sie griffbereit aufbewahrt werden können.

Die Informationszentrale der Elektrizitätswirtschaft e.V. (Kölnstr. 480, 5300 Bonn) hat zu diesem Thema eine Broschüre mit dem Titel „Mach's richtig" herausgebracht, der Sie weitere Hinweise entnehmen können.

Kochzentrum

Bei der Wahl eines Herdes sind die gewünschte Energieversorgungsart, die zur Verfügung stehende Stellfläche und die Haushaltsgröße (Anzahl der Familienmitglieder) ausschlaggebend. Rechts und links neben dem Herd sollte eine kleine Arbeitsfläche zum Vorbereiten des Kochgutes bzw. eine hitzeunempfindliche Platte zum Abstellen heißer Töpfe zur Verfügung stehen.

Neben dem Kochen und Sieden (Erwärmen einer Flüssigkeit bis zum Siedepunkt) hat ein Herd noch verschiedene andere Funktionen zu erfüllen. Dazu gehören: Schmoren, Dämpfen, Dünsten, Grillen, Frittieren, Anbraten, Rösten, Pasteurisieren, Erwärmen im Wasserbad, Sterilisieren, Aufwärmen, Auftauen, Warmhalten, Braten und Backen.

Der herkömmliche Standherd vereinigt Kochstelle, Brat- und Backofen in einem Gerät. Der Backofen befindet sich in diesem Fall unter den Kochplatten. Da die Abmessungen der modernen Herde heute alle der Küchennorm entsprechen, lassen sie sich ohne Schwierigkeiten den übrigen Küchenmöbeln an- oder einfügen. Ein Dreiplattenherd hat in der Regel eine Breite von 45 cm, eine Tiefe von 60 cm und eine Höhe von 85–90 cm; ein Herd mit vier Platten hat eine Breite von 60 cm, eine Tiefe von 60 cm und eine Höhe von 85–90 cm, wobei die Sockelhöhe je nach Art des Einbaus variabel ist.

Der Standherd als freistehendes Gerät hat jedoch den Nachteil, daß in dem Zwischenraum zu den angrenzenden Küchenmöbeln, ebenso wie zwischen Herd und Wand Fugen entstehen, die ständig verschmutzen, wenn sie nicht gut abgedichtet sind. In einer aus einzelnen Möbeln und Geräten zusammengestellten Küche bleiben daher für den Heimwerker ein reichhaltiges Betätigungsfeld.

Bild 10: Ebenfalls für die moderne Einbauküche entwickelt: Unterstell-Elektroherd.

Küchenausstattung

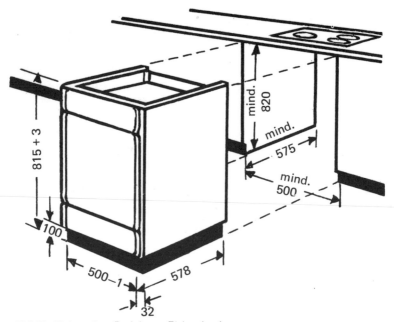

Bild 11: Einbau eines Dreiplatten-Elektroherds.

Für die moderne Einbauküche wurden zahlreiche neue Variationsmöglichkeiten bezüglich der zweckmäßigen Anordnung von Koch- und Backgeräten entwickelt. Eine Herd-Spülekombination besitzt eine fugenlose Abdeckung aus glattem oder leicht strukturiertem Edelstahl, die auch über die Arbeitsfläche hinweggehen sollte. Da die Kochplatten hier in die Stahlabdeckung eingelassen sind, wird das Gerät als Unterbauherd, bzw. Einbauherd bezeichnet. Letzterer wird als Gerätekorpus in einen Herdumbauschrank eingesetzt, dessen Abmessungen den serienmäßig hergestellten Unterschränken entsprechen. Eine durchlaufend hochgezogene Hinterkante verhindert bei sachgemäßem Einbau das Eindringen von Feuchtigkeit und Schmutz zwischen Wand und Gerät. Bei einem Standherd sollte die dahinterliegende Küchenwand bis zum Fußboden durch einen abwaschbaren Belag aus Kacheln, Fliesen oder Kunststoffbeschichtung geschützt werden.

Küchenausstattung

Ein kleiner Beistellherd für Kohle- oder Holzfeuerung kann auch heute noch von Nutzen sein, etwa aus Energiesparnisgründen, bei einem Zusammenbruch der Stromversorgung oder als umweltfreundliche Müllverbrennungsanlage. Er erfordert den Anschluß an einen Schornstein in unmittelbarer Nähe eines Standortes. Wird er als Herd nicht genutzt, so dient seine Abdeckplatte als Erweiterung der Arbeitsfläche.

Ein großer Schritt zur Verbesserung der Einbauküche war die Entwicklung der sog. „Kochmulde". Wir rücken damit immer weiter vom landläufigen Begriff des Kochherdes ab. Die Kochmulde aus nichtrostendem Edelstahl wird in die Abdeckplatte eingebaut, unter der sich ein Schrank befindet, in dem sich viele Kochutensilien unterbringen lassen. Die Schaltblende kann dabei in unmittelbarer Nähe der Kochmulde oder auch getrennt davon angebracht sein.

Bild 12: Einbau eines Backofens.

Küchenausstattung

Der Backofen ist in diesen Fällen zu einem selbständigen Gerät geworden. Er wird in Augen- oder Griffhöhe (zwischen 74 cm und 170 cm oberhalb des Fußbodens) in die Schrankwand eingefügt. Der Schrankraum ober- und unterhalb des Backofens läßt sich zur Unterbringung aller Backutensilien nutzen. Wichtig für den reibungslosen Arbeitsablauf ist eine Bewegungsfläche von mindestens 30 cm zwischen Kochmulde und Hochschrank.

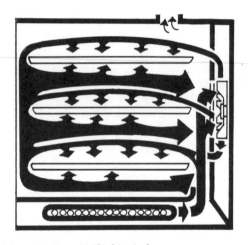

Bild 13: Hitzeführung in einem Heißluftbackofen.

Alle Koch- und Backgeräte werden auch mit Automatik geliefert, was besonders für berufstätige Hausfrauen von Vorteil ist. Mit Hilfe der Automatiktaste wird das vorbereitete Gericht zum gewünschten Zeitpunkt fertiggekocht, was eine große Zeitersparnis bedeutet.

Dagegen gehört die Automatikplatte mittlerweile zum selbstverständlichen Bestandteil eines modernen Herdes. Diese Platte hat in der Mitte eine kleine Scheibe, die die Temperatur am Topfboden „abfühlt" und die Leistung der Platte über einen Thermostat reguliert. Wird ein kalter Topf aufgesetzt, dann erhält die Platte so lange die volle Leistung, bis Topf und Inhalt heiß sind. Nun schaltet der Thermostat um und führt der Platte nur noch so viel Strom zu, daß die am Schaltknopf eingestellte Temperatur gerade erhalten bleibt. Die Platte überwacht sich also sozusagen selbst.

Für das Kochen auf der Automatikplatte eignen sich besonders Töpfe mit verstärktem, ebenmäßigem Boden und gut schließendem Deckel, wie die modernen Edelstahlgeschirre. Sie verbrauchen weniger Strom und verteilen die Wärme gut, so daß man mit wenig Fett und Wasser auskommt.

Heißluftbacköfen arbeiten im Gegensatz zu der Strahlungshitze des üblichen Backofens mit gebläsebewegter Heißluft. Auf diese Weise gelangt die Wärme schneller an das Bratgut und wärmt es gleichmäßig von allen Seiten. Das Vorheizen entfällt, ebenso Ober- und Unterhitze. Außerdem brennt das Backfett nicht mehr in das umgebende Gehäuse ein und es wird weniger Strom verbraucht. Das Heißluftsystem eignet sich besonders gut zum Auftauen tiefgekühlter Menüs, wobei ein Ventilator Luft mit Raumtemperatur durch den Backraum bläst (sog. „Kaltstufe"), oder zum gleichzeitigen Backen mehrerer Backbleche.

Der Backofen-Auszugswagen läßt sich voll aus dem Backofen herausziehen, was die Reinigung des Innenraums sehr erleichtert und die Verletzungsgefahr beim Herausziehen von Backblech, Bratentopf usw. verringert.

Anstelle der Kochmulden haben sich in letzter Zeit die Glaskeramik- oder Cerankochfelder immer mehr durchgesetzt, da diese wesentlich dekorativer und leichter zu reinigen sind. Es werden verschieden große Kochzonen mit einem zusätzlichen Warmhaltefeld angeboten, wobei das Dekor jeweils die Kochstelle anzeigt. Wenn nicht gekocht wird, dient die Glaskeramikfläche als Arbeits- und Abstellfläche. Wichtig für das Kochen auf dem Glaskeramikfeld ist die richtige Topfgröße, da sonst wertvolle Energie verloren geht.

Erwähnt sei an dieser Stelle auch das Combiset-Programm von Miele. Dabei handelt es sich um eine neue Serie von Küchengeräten im Baukasten-System zum Kochen, Grillen und Frittieren. „Miele-Combiset" besteht aus sieben Elementen, die jeweils nach den individuellen Bedürfnissen und Platzverhältnissen kombiniert werden können. Alle Elemente ha-

Küchenausstattung

Bild 14: Solche Eckschränke sind praktisch für die Aufbewahrung von Küchengeräten und Kochgeschirr.

ben die gleichen Abmessungen und können daher in beliebiger Reihenfolge aneinandergefügt werden. Sie sind so mit schmalen Edelstahlleisten verbunden, daß eine fugenlose Einheit entsteht.

Eine weitere Neuerung brachte der Mikrowellenherd, der sich auch bei uns schon in vielen Haushalten befindet, wenngleich der Anschaffungspreis noch relativ hoch ist. Für diese Herde eignen sich besonders Kochgeräte aus Glas, Porzellan oder Steingut, nicht dagegen Metall. So kann man gleich im Serviergeschirr das Essen zubereiten. Die von einem Magnetron erzeugten und durch einen „Wobbler" in den Garraum gestreuten Mikrowellen durchdringen die Kochbehälter und bringen die Wassermoleküle in den Lebensmitteln in Bewegung. Die so entstehende Reibungshitze erwärmt die Speisen, ein Zusatz von Wasser ist überflüssig. Auf diese Weise bleiben die Vitamine in den Lebensmitteln erhalten und die Garzeit wird wesentlich verkürzt. Es dauert beispielsweise nur zehn Minuten, bis ein tief gefrorener Braten aufgetaut und fertig zum Anrichten ist.

Gasgeräte

Steht in einer Küche ein Anschluß an das Gasversorgungsnetz zur Verfügung, so ist eine Kombination aus Gaskochplatten und Elektrobackofen sehr empfehlenswert. Die gut regulierbaren Gasflammen (zur Verfügung stehen Starkbrenner, Normalbrenner und Garbrenner) lassen langsam garende Gerichte besonders gut gelingen, weil der leidige Kampf mit der Speicherwärme der Elektroplatten wegfällt.

Auch der Gasherd bietet heute die Möglichkeit des Kochens auf dem Kochfeld aus Glaskeramik. Diese sog. Thermaplanherde sind als Zonenkochherde konzipiert. Durch unterschiedliche Einstellung der Regelautomatik und Verschieben der Töpfe auf der Platte kann die für das Ankochen, Garen und Warmhalten notwendige Temperatur gewählt werden.

Es gibt auch Kombinationen von Allgaskoch- und heizherden, die sich durch zusätzliches Anschlußmaterial vollständig in die Küchenzeile integrieren lassen. Sofern die Küche mit

Küchenausstattung

Bild 15: Allgaskoch- und heizherd.

Küchenausstattung

Bild 16: Einbau eines Mikrowellengeräts in Einbauküche.

Küchenausstattung

Gas geheizt wird, wird auch zum Kochen und Backen der wesentlich günstigere Heizgastarif eingeräumt. Dabei sorgt die Regelautomatik für das Heizabteil und den Mini-Koch-Brenner für sparsamen Verbrauch. Ist die gewünschte Raumtemperatur erreicht oder erfolgt durch Kochen oder Sonneneinstrahlung eine weitere Wärmezufuhr, so schaltet die eingebaute Regelautomatik das Heizabteil auf Kleinstellung oder Zündflamme. Der Mini-Brenner sorgt für geringen Gasverbrauch während des Kochens, da die Flammen nicht über den Topfboden hinausschlagen.

Außerdem stehen folgende Gasgeräte für den Küchenbereich zur Verfügung:

- Allgasherde, deren Abmessungen in jede moderne Einbauküche passen; sie besitzen an allen Brennstellen eine Zündsicherung, die verhindert, daß unverbranntes Gas ausströmen kann. Zu der Ausstattung gehören: 3–5 Kochstellen, selbstreinigende Brennerdeckel, Infrarot-Grill, Vollglastüren und Backraumbeleuchtung. Auch ein Heißluftsystem im Backofen kann installiert werden.
- Gaswasserheizer, die jederzeit warmes Wasser zur Verfügung stellen, auch für Wasch- und Geschirrspülautomaten. Ebenos Vorrats-Gaswasserheizer, die auf Vorrat (Speicher) mit Schornsteinanschluß Warmwasser bis zu 95 °C erzeugen. Sie sind in verschiedenen Größen lieferbar und können beliebig viele Zapfstellen mit Warmwasser versorgen, ohne daß der Wasserdruck nachläßt.
- Gas-Einzelraumheizer, auch in Kombination mit einem Herd, die jedoch einen Schornsteinanschluß benötigen.
- Gaskühlschränke, die nach dem Absorber-System arbeiten. Sie haben für gewöhnlich eine besonders lange Lebensdauer.

Spülzentrum

Der dritte wichtige Arbeitsbereich in der Küche ist das Spülzentrum. Bei einer konventionellen Lösung liegen zwei Becken mit Kalt- und Warmwasseranschluß und einem Ablauf in der Mitte einer Nirostaplatte, die zur Arbeitsfläche hin fu-

Küchenausstattung

Bild 17: Geschirrspüler mit zwei Programmen für normal und leicht verschmutztes Geschirr.

Küchenausstattung

genlos verläuft. Rechts von den Becken sollte eine Abstellfläche für schmutziges Geschirr, links eine Abtropffläche für den Geschirrkorb vorhanden sein. Die Nirostaplatte ist auf Spülunterschränken befestigt, in denen sich Putzmittel, Eimer etc. unterbringen lassen.

Für Kochnischen, Kleinküchen und einzeilige Einbauküchen sind auch Spülen mit einem oder einem großen und einem kleineren Becken lieferbar. Gelegentlich ist der Überlauf als kleiner zusätzlicher Ausguß mit Siebeinsatz gestaltet, was von großem Vorteil sein kann, wenn beide Becken mit Wasser und Geschirr gefüllt sind. Auch eine versenkbare Schlauchbrause kann in diesem Bereich gute Dienste leisten.

In den letzten Jahren hat sich in der Spülbecken-Landschaft viel verändert. Standrohrventile und rechteckige Becken sind fast ganz verschwunden. Dagegen wird viel Wert auf die farbliche Gestaltung des Spülzentrums gelegt, ebenso wie auf eine aparte Form der Becken. Neben Chromnickelstahl werden Keramik, Emaille und Kupfer als Material verwendet.

Bevorzugtes Material für die Spültischabdeckung ist auch heute noch glatter oder geriffelter Edelstahl. Dagegen wird in den meisten Fällen auf eine Links- oder Rechtsausführung des Spülzentrums verzichtet, weil das symmetrische Design einen wahlweise rechten oder linken Einbau ermöglicht. Dem tiefen Becken gegenüber befindet sich eine Rüstmulde, zu der ein passendes Vielzweck-Tablett gehört. Zwischen Mulde und Becken liegt der „Grobausguß" mit Restesieb, der gleichzeitig als Überlaufventil dient. Ein Exzenterventil, dessen Schalthebel sich auf einer Armaturenbank befindet, ermöglicht Öffnen und Schließen des Beckenablaufes von außen. So bleibt der Beckenraum frei von Gummistöpsel und Kette oder Standrohrventil. Das kalte Tropfwasser der Rüstmulde läuft in den Grobausguß, nicht mehr in das heiße Spülwasser. Aufsatzbretter für die Mulde aus Spezialholz schaffen eine zusätzliche Arbeitsfläche, spezialkunststoffbeschichtete Rüstkörbe dienen zum Stapeln und Waschen des Geschirrs.

Bei der Planung einer neuen Küche sollte man in jedem Fall einen geeigneten Platz für die Geschirrspülmaschine vorsehen, selbst wenn deren Anschaffung noch nicht unmittelbar gewünscht wird. Die für das tägliche Geschirrspülen aufzuwendende Zeit verkürzt sich durch den Geschirrspüler auf wenige Minuten, zudem lassen sich Töpfe, Geschirr und Besteck gleich nach Gebrauch verstauen, so daß die Küche immer aufgeräumt wirkt.

Haushaltsgeschirrspüler sind standardisiert in der Baugröße 85 x 60 x 60 cm und für Frontbeladung gebaut. Man kann sie neben anderen Küchenmöbeln frei aufstellen, unter eine Arbeitsplatte unterstellen, in einen Hochschrank einbauen oder als Spülzentrum mit Spüle und Seitenschrank beziehen. Maschinen dieser Art haben ein Fassungsvermögen von 8–10 Maßgedecken. (Unter Maßgedeck versteht man eine Zusammenstellung gängiger Teile aus Porzellan, Glas und Besteck nach DIN 44990. Zehn Maßgedecke entsprechen dem täglichen Bedarf eines Vierpersonenhaushalts.)

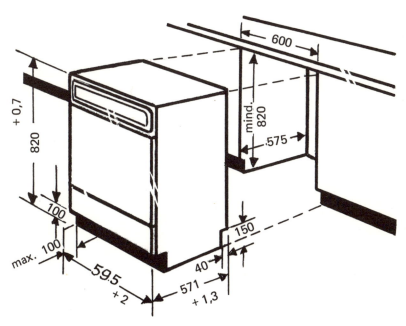

Bild 18: Einbau einer Geschirrspülmaschine.

Küchenausstattung

Für ungünstige Raumverhältnisse gibt es auch kleinere Tisch- oder Wandmodelle mit einem Fassungsvermögen von 5 bis 7 Maßgedecken. Weitere Informationen können bei dem Fachverband Elektro-Haushaltgeräte ZVEI (6000 Frankfurt/Main 70, Stresemannallee 19 eingeholt werden.
Bei Einhaltung aller Vorschriften und Verwendung von firmenseitig empfohlenen Reinigungsmitteln ist eine gründliche und schonende Reinigung und Trocknung des Geschirrs sichergestellt. Dennoch sollte man sehr feine Gläser oder seltene Liebhaberstücke besser selber spülen.
Jede Geschirrspülmaschine hat einen eigenen Wasserzufluß mit einem gesonderten Hahn. Vergessen Sie nicht, diesen Hahn nach dem Spülen gut zu schließen. Wasch- und Spülmaschinen können unter Umständen die ganze Wohnung unter Wasser setzen!
Die Firma Miele liefert auch Haushaltsgeräte, die von einem Mikroprozessor in einer Größe von 3,5 x 5 mm gesteuert werden, wodurch Spül- und Waschprogramme besser an das Material des zu behandelnden Gutes anzupassen sind. Außerdem wird durch den Computer viel Platz eingespart, da er einen Großteil der herkömmlichen Steuerelemente ersetzt, was dem Innenraum der Maschinen zugute kommt. Ein Geschirrspüler mit Mikroprozessor nimmt beispielsweise 12 Maßgedecke auf.
Noch ein Wort zum Thema Energieverbrauch. Die folgende Aufstellung gibt einen Überblick über die Anschlußwerte der gebräuchlichsten elektrischen Küchengeräte und -maschinen:

Herd einschließlich Kochplatten	8 500–12 000 W
Mikrowellenherd	1 250 W
Einbaukochstelle	6 000– 7 100 W
Dunstabzugshaube	200 W
Kühlschrank	bis 120 W
Gefrierschrank	bis 120 W
Geschirrspüler	bis 3 350 W
Kleinspeicher (Untertischmodell)	2 000 W
Kochendwassergerät	2 000 W
Waschvollautomat	bis 3 300 W
Kaffeeautomat	bis 1 000 W

Küchenausstattung

Toaster	bis	950 W
Quirl	bis	160 W
Eierkocher		350 W
Tischgrill	bis	1 500 W

Es ist also wenig sinnvoll, bei kleinen Geräten Strom sparen zu wollen, da sie ohnehin nur wenig Energie benötigen. Anders sieht es dagegen mit dem Stromverbrauch großer Geräte aus. Zur Orientierung seien hier noch einige Daten zum Jahresverbrauch solcher Geräte in Kilowattstunden genannt:

Geschirrspüler bei 1,5 Füllungen pro Tag	1 150 kWh/Jahr
Gefrierschrank (300 l) Dauerbetrieb	1 080 kWh/Jahr
Heißwasserbereiter (5 l) 25 l pro Tag	1 022 kWh/Jahr
Herd bei einer warmen Mahlzeit pro Tag einschl. Backofen bei wöchentlichem Kuchenbacken	837 kWh/Jahr
Wäschetrockner bei 40 kg Wäsche im Monat	420 kWh/Jahr
Waschvollautomat bei 40 kg Wäsche im Monat	408 kWh/Jahr

Schrankraum

Der Schrankraum in der Küche dient der Aufbewahrung von Geschirr, Besteck, Kochgeräten, kleinen Küchenmaschinen, aber auch von Nahrungsmitteln wie Trockenvorräten, Gewürzen usw. Hierfür stehen drei Schranktypen zur Verfügung:

- Unterschränke, die unterhalb der Arbeitsflächen eingebaut werden,
- Oberschränke, die oberhalb der Arbeitsplatten an die Wand gehängt werden, und
- Hochschränke, die vom Boden bis in Deckennähe reichen.

Der Innenraum dieser Schränke ist je nach Bedarf und Funktion unterschiedlich ausgestattet und gegliedert.

In einer Küche für einen Vierpersonenhaushalt sollte das folgende Minimum an Schrankraum zur Verfügung stehen: Unterschränke: 150 cm breit, 60 cm tief und 85 cm hoch mit einer Abdeckplatte, die als Arbeitsfläche dient.

Küchenausstattung

Oberschränke: 150 cm breit, 35 cm tief, mit gerader oder leicht geneigter Front, und 60–70 cm hoch.
Hochschränke: 50–100 cm breit, 60 cm tief und 200 cm hoch.
Der Abstand zwischen Arbeitsfläche und Schrankunterkante sollte 50–60 cm betragen.

Die Angebotslisten der einzelnen Küchenmöbelhersteller zeigen eine Fülle von Variationsmöglichkeiten für Einbauküchen, die sich in jeden Grundriß einfügen lassen.
Für Unterschränke, aber auch Teile von Hochschränken haben sich Auszugswagen sehr bewährt; sie sind auch von der Seite her zugänglich und lassen sich übersichtlicher einräumen.
Außerdem erhalten sie von allen Seiten Frischluftzufuhr, was besonders bei der Aufbewahrung von Nahrungsmitteln vorteilhaft ist. Die Durchlüftung der Vorratsschränke erfolgt entweder über die Außenwand (nur möglich bei N bis NO Lage der Außenwand) oder vom Innenraum her. Dabei ist zu beachten, daß Trockenvorräte wie Mehl, Zucker und Teigwaren trocken gelagert werden müssen, während Obst und Gemüse ein gewisses Maß von Luftfeuchtigkeit besser bekommt. (Die relative Luftfeuchtigkeit sollte in einem Raum mit 20 °C Raumtemperatur nicht mehr als 80 % betragen.)
Die Türen der Küchenschränke werden heute meist als Drehtüren geliefert. Ihre Breite liegt je nach Breite des Schrankes zwischen 30 und 60 cm. Je schmaler die Türen sind, desto weniger Bewegungsraum nehmen sie in Anspruch. Drehtüren lassen das Schrankinnere voll überschauen.
Schiebetüren haben dagegen den Vorteil, daß sie nicht in den Raum hineinragen; sie werden aber heute kaum noch verwendet. Statt dessen haben sich Hub- bzw. Lifttüren für Oberschränke durchgesetzt, die in der Fläche bleiben, also kaum in den Raum hineinstehen. Nachteil: der Platz oberhalb der Wandschränke kann schlecht genutzt werden.

Küchenausstattung

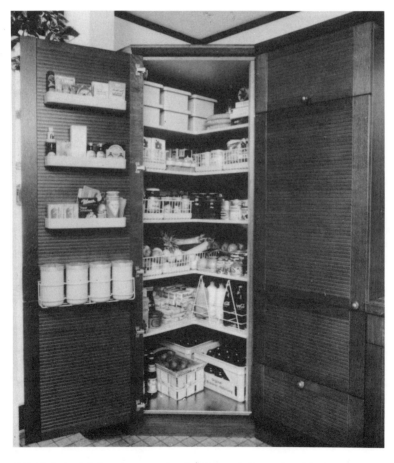

Bild 19: Eckschränke mit entsprechendem Einbau helfen in der Küche Raum sparen.

Küchenausstattung

Bild 20: In Ausziehschränken lassen sich Küchengeräte und Lebensmittel platzsparend aufbewahren. Die volle Tiefe der Schrankwand kann ausgenutzt werden.

Küchenausstattung

Bild 21: Optimale Raumausnutzung ist gerade in der modernen Küche wichtig. Oben: Auszug für Flaschen. Unten: Saubere und platzsparende Unterbringung der Geschirrtücher.

Küchenausstattung

Für die Wandecken werden folgende Lösungen angeboten: Unterschrank mit einer Drehtür und zwei in die Ecke laufenden Böden (Richtmaß: 60 cm tief, 120 cm breit) mit einer effektiven Nutzfläche von 60 %; preisgünstiger mit zwei Vierteldrehböden und einer Nutzfläche von 40 % oder mit zwei Drehböden und einer Nutzfläche von 75 %. Für die Ecklösung der Oberschränke gibt es außerdem runde und eckige Abschlußregale.

Griffe gibt es heute in allen möglichen Formen. Hier entscheidet die Hausfrau am besten selbst nach ihrem individuellen Geschmack, nach Praktikabilität und dem Grundsatz einer problemlosen Reinigung. Durchlaufende Griffleisten unterstreichen den Einbaucharakter gleichartiger Schränke, jedoch sollte die Richtung der Türöffnung durch ein Symbol gekennzeichnet sein.

Kühlschrank und Gefriertruhe

Der Kühlschrank gehört heute zu den wichtigsten Ausstattungsstücken der Küche. Das Angebot der zahlreichen Herstellerfirmen ist vielfältig, sowohl in den Abmessungen, wie in der Konstruktion, Aufteilung und den unterschiedlichen Kühlgraden. Nach der DIN-Norm sollte ein Kühlschrank die Maße 70 cm breit, 60 cm tief und 85 cm hoch haben, damit ein lückenloser Einbau in das Küchenprogramm gewährleistet ist.

Kombinationen von Kühlschränken mit Tiefkühlabteilungen weisen auf den steigenden Trend hin, sich des Tiefkühlverfahrens als Konservierungsmittel zu bedienen. Immer mehr Hausfrauen gehen dazu über, Speisen in größeren Mengen zuzubereiten und portionsweise abgepackt einzufrieren. (Hierfür leistet ein Folienschweißgerät wertvolle Dienste.) Ebensogut eignen sich dafür auch Backwaren und Gartenerzeugnisse.

Je nach Größe des Haushalts und nach den vorhandenen Stellmöglichkeiten wird man sich entweder für einen Gefrierschrank oder eine Gefriertruhe entscheiden. Es gibt sie in den Größen zwischen 50 und 500 Liter Fassungsvermögen. Im

Küchenausstattung

Normalfall rechnet man 80–100 Liter pro Person. Praktisch sind die sog. „Kühlsäulen", bei denen der Kühlschrank in Griffhöhe auf einem Tiefkühlunterschrank steht.
Beim Einfrieren bzw. Aufbewahren von leichtverderblichen Nahrungsmitteln sollte folgendes beachtet werden:

Sterne	Temperatur	Lagerung von Tiefkühlkost
1	unter –6 °C	max. 3 Tage
2	–12 °C bis –18 °C	max. 1 Woche
3	–18 °C und darunter	max. 3 Monate
4	Gefrierschrank oder -truhe	längere Lagerung möglich

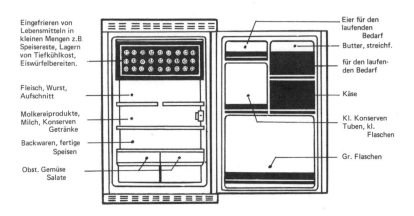

Bild 22: Nutzung eines Kühlschranks.

Küchenausstattung

Bild 23: Nebeneinander angeordnete Unterbau-Kühl-Gefrier-Kombination, bestehend aus Gefrierschrank und Kühlschrank mit Rückwandverdampfer.

Küchenausstattung

Ein Gefriergerät sollte nie in Heizungsnähe aufgestellt oder der Einwirkung von Sonnenstrahlen ausgesetzt sein. Der beste Platz ist ein kühler, gut belüfteter Raum. Zu beachten ist, daß das Gerät gerade steht, da sonst die Schranktür bzw. der Truhendeckel nicht dicht abschließt und wesentlich mehr Strom verbraucht wird.

Eß- oder Imbißplatz

Die Vorteile eines Eßplatzes in der Küche, besonders für kleine Zwischenmahlzeiten, wurden schon auf Seite 14 behandelt. Wenn sich in der Küche kein Eßtisch einplanen läßt, bieten sich folgende Lösungen an:

- Die Bartheke

Sie wird raumsparend mit Winkeln über der Arbeitsplatte befestigt, erfordert allerdings Stühle oder Hocker mit einer Sitzhöhe von 80 cm.
- Der Ansatztisch

Er wird rückwärts an der Theke oder einem Unterschrank befestigt und steht zum Abstützen auf speziellen Füßen. Diese Lösung hat sich besonders als Eßplatz für Kinder bewährt.
- Verlängerung der Arbeitsplatte

Einen Imbißplatz gewinnen Sie auch, wenn die Arbeitsplatte nach hinten auf den Unterschränken wenigstens 40 cm übersteht. Die richtige Sitzhöhe beträgt hier 60 cm. (Um eine normale Sitzhöhe von 45 cm zu bekommen, empfiehlt es sich, unter den Eßplatz ein Podest zu unterlegen.)
- Der Auszug- oder Ausschwenktisch

Er ist in Tischhöhe in den Unterschrank eingebaut und kann bei Bedarf auf Rollen herausgefahren werden.

Für eine vollständige Eßgruppe in der Küche empfiehlt sich besonders ein runder Tisch mit Mittelfuß oder ein Tisch mit weit vorstehender Platte und Kreuzzarge. Die Tischplatte muß leicht zu reinigen und hitzeunempfindlich sein. Auch sollte sich der Tisch nötigenfalls durch eine Klappvorrichtung

Küchenausstattung

oder das Herausschieben weiterer Tischplatten vergrößern lassen. Um unnötige Wege für die Hausfrau zu ersparen, sollte sich der Schrank für das tägliche Eßgeschirr in unmittelbarer Nähe des Eßplatzes befinden. Eine Eßecke mit Eckbank bietet den Vorteil, daß sich verschiedene Dinge wie Zeitschriften, Tischwäsche u. ä. darin unterbringen lassen.

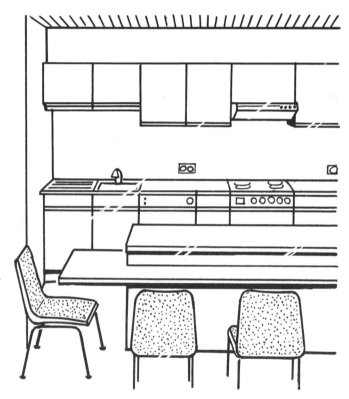

Bild 24: Eßplatz mit Ansatztisch.

Für die Kombination der Küche mit dem Eßplatz bietet sich, sofern genügend Platz vorhanden ist, eine „fünfte Wand", der sog. „Raumteiler" an. Diese Raumtrennwand aus Möbeln kann entweder nur in Regalhöhe oder in Schrankhöhe bis zur Decke geliefert werden. Die Schubfächer und Türen sind von beiden Seiten zugänglich, so daß die Hausfrau Geschirr und Besteck von der Eßzimmerseite entnehmen kann, das sie zuvor von der Küchenseite her eingeräumt hat. Eine Durchreiche mit eingebauter Warmhalteplatte hilft weitere unnötige Laufereien in die Küche zu vermeiden. Die Fronten des Raumteilers können auf beiden Seiten mit dem gleichen Holz furniert oder nach den individuellen Vorstellungen gestaltet werden. Besonders bewährt haben sich Raumteiler beim Umbau von Altbauwohnungen oder der Abtrennung des Haushaltsraums, dem das folgende Kapitel gewidmet ist.

Bild 25: Imbißplatz mit Auszug- und Ausschwenktisch.

Küchenausstattung

Bild 26: Küche mit Eßplatz am Ansatztisch.

Der Hausarbeitsraum

Es gibt eine ganze Reihe von Tätigkeiten im Haushalt, die mehr oder weniger als Notlösung in der Küche oder im Badezimmer ausgeführt werden wie das Waschen, Bügeln und Schuhe putzen, bzw. im Wohnzimmer wie das Nähen und Flicken. Diesen Kompromißlösungen bereitet die Einplanung eines Hausarbeitsraumes, möglichst in unmittelbarer Nähe der Küche gelegen, ein Ende. In den Niederlanden ist dieser Raum als sog. Bij- (Bei-) Küche längst zur Selbstverständlichkeit geworden. Auch bei uns findet er sich seit längerer Zeit schon in Einfamilienhäusern, jedoch ist seine Einplanung in größere Mietwohnungen bisher meist gescheitert. Der Hauptgrund dafür dürfte wohl in den hohen Quadratmeterpreisen liegen. Zudem investieren viele Leute ihr Geld lieber in höheren Wohnkomfort als in die hauswirtschaftlichen Arbeitsplätze. Dennoch hat sich im Zuge der Rationalisierung der Hausfrauenarbeit dieser Mehrzweckraum in letzter Zeit stärker durchsetzen können.

Der Hausarbeitsraum muß nicht unbedingt neben der Küche liegen oder mit einem Raumteiler von dieser abgetrennt sein, obwohl dies zur Überwachung der jeweils in beiden Räumen auszuführenden Arbeiten recht praktisch ist. Wer viel Platz im Keller oder im Obergeschoß neben dem Badezimmer hat, kann diesen ebensogut für den Hausarbeitsraum nutzen.

Der Hausarbeitsraum

Die wichtigsten Funktionen dieses Raumes sind: Wäschepflege, Schuhpflege, Nähen, Hobbybeschäftigung und Reparaturen, Haushaltsorganisation und die Unterbringung von Reinigungsmitteln, Putzgeräten etc. Am zweckmäßigsten plant man in U- oder L-Form eine Trocken- und eine Naßzelle ein. Für die gesamten Installationen und Schrankvorrichtungen sollte ein Raum von 6,8 bis 9,2 m² zur Verfügung stehen. Die folgende Abbildung zeigt einen vollständig ausgestatteten, zweizeiligen Hausarbeitsraum.

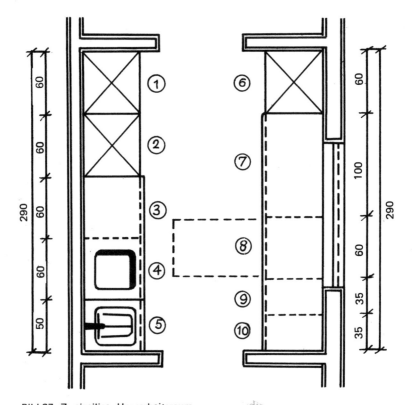

Bild 27: Zweizeiliger Hausarbeitsraum.
1 Wasch- Trockensäule, 2 Schmutzwäsche, Schuhe, Werkzeuge, 3 Schrank mit 2 Böden, 4 Handwaschbecken, 5 Ausguß, 6 Putzgeräte und Reinigungsmittel, 7 Schrank für Bügelmaschine, 8 Ausziehtisch, 9 Nähmaschinenschrank, 10 Mehrzweckschrank

Der Hausarbeitsraum

Der Hausarbeitsraum ist ein ausgesprochener Mehrzweckraum. Hier kann die Wäsche mit dem geringsten Aufwand an Zeit und Kraft vom Sammeln der Schmutzwäsche bis zum Einräumen der gebügelten Wäsche behandelt werden. Neben der Waschmaschine sollte ein Becken mit einer Arbeitsfläche aus Nirosta oder Keramik, Kalt- und Warmwasseranschluß und einem Abfluß installiert sein, darüber eine Hängevorrichtung zum Aufhängen tropfnasser Wäsche. Ein zusätzlicher Abfluß im Fußboden empfiehlt sich überall dort, wo auch nicht vollautomatisch arbeitende Geräte verwendet werden. So sollte auch der Fußboden nach Möglichkeit aus feuchtigkeitsunempfindlichem Material bestehen.

In vielen Haushalten findet sich heute schon ein Wäschetrockner. Der hierfür erforderliche Wrasenabzug sollte entweder in einen Luftschacht oder noch besser ins Freie führen. Platzsparend ist hier eine sog. „Waschsäule", in der Waschmaschine und Trockner übereinander angebracht sind.

Ob sich die Anschaffung einer Bügelmaschine lohnt, hängt von der Größe des Haushalts ab. Ein bequemer Bügeltisch mit verstellbarer Arbeitsfläche zum Bügeln im Sitzen oder Stehen, eine Arbeitsfläche von 1,20 m zum Legen der Wäsche und ausreichende Ablageflächen bzw. Schrankraum für die gebügelte Wäsche reichen in vielen Fällen auch. Die Hauptsache ist, daß die Hausfrau für diese Arbeiten einen gut ausgestatteten Platz zur Verfügung hat.

Ein funktionsgerecht gestalteter Nähplatz läßt sich gut mit einem kleinen Hausfrauenbüro verbinden. Zweckdienlich sind hier ausreichende Ablageflächen für Kochbücher und Nähutensilien, sowie eine Schreibplatte mit Telefon- und Radioanschluß. Vielleicht können von hier aus in nicht allzu ferner Zukunft einzelne hauswirtschaftliche Arbeitsvorgänge computergesteuert werden. Einige Firmen (z. B. Miele) bietet bereits Hausgeräte mit elektronischer Steuerung an.

Das für die tägliche Schuhpflege benötigte Handwerkszeug sowie alle Schuhpflegemittel sollte am besten zusammen mit einem Abstellplatz für Schuhe in einem Unterschrank auf Rollen untergebracht sein.

Der Hausarbeitsraum

Die Unterbringung von Reinigungsmitteln- und geräten im entsprechend gestalteten Hochschrank des Hausarbeitsraumes bringt viele Vorteile. Eine Stehleiter kann hier ebensogut Platz finden wie der Handwerkskasten. Die Funktionsmöglichkeiten sind variabel und lassen sich den Bedürfnissen der einzelnen Familienmitglieder anpassen. So kann sich dieser Raum auch in die Werkstatt eines Hobbybastlers und Heimwerkers verwandeln.

Die bauliche Gestaltung der Küche

Der folgende Abschnitt betrifft die bauliche Gestaltung der Küche und des Hausarbeitsplatzes. Es handelt sich dabei um Fragen, die der Bauherr am besten vor der Grundrißplanung mit dem Architekten besprechen sollte.

Lage der Küchenaußenwand

Über die Frage, nach welcher Himmelsrichtung die Küchenwände, vor allem die Außenwände, gehen sollen, gibt es unterschiedliche Ansichten. Früher bevorzugte man meist eine Nord-Nordostlage, seit einiger Zeit zieht man jedoch die Ost- und Südostseite vor. Die Wahl ist sowohl vom Grundstück, den Grundrißplänen wie auch vom Klima abhängig.

Praktisch ist es, wenn die Hausfrau von der Küche aus den Hauseingang übersehen kann, bzw. wenn Küche und Wirtschaftsbereich unmittelbar vom Eingang aus zugänglich sind.

Raumgröße

Das Mindestmaß von 8,5 m² nach DIN 18022 reicht für Küchen in Einfamilienhäusern und größeren Wohnungen keinesfalls aus. Die Arbeitsgemeinschaft Moderne Küche hat als Grundprinzip festgelegt, daß eine zukunftssichere Küchenplanung nur möglich ist, wenn sieben laufende Meter für

Die bauliche Gestaltung. . . .

Schrankelemente und Geräte zur Verfügung stehen. Das bedeutet also, daß in erster Linie die verfügbaren Stellflächen maßgebend sind. Da alle Küchenmöbel und -geräte 60 cm tief sind, sollte man, um den verfügbaren Küchenraum zu errechnen, parallel zu allen Wänden, an denen Schränke und Geräte stehen sollen, in einem Abstand von 60 cm eine Linie ziehen. Die Gesamtlänge dieser Linie muß mindestens 7 m betragen. Dabei dürfen Türen, Wandvorsprünge (Kamine), Fenster mit zu niedriger Brüstungshöhe und vorstehende Heizkörper nicht in der Berechnung einbezogen werden. Zwischen den Küchenzeilen ist ein Mindestabstand von 120 cm erforderlich, um der Hausfrau genügend Bewegungsfreiheit zu ermöglichen. Insgesamt sollte der Küchenraum also eine Breite von 2,40 m haben.

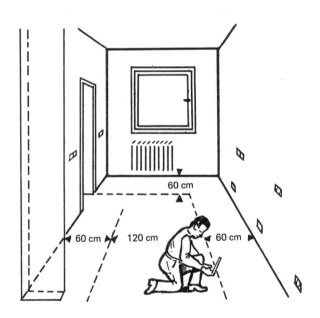

Bild 28: Vermessen einer Küche.

Die bauliche Gestaltung. . . .

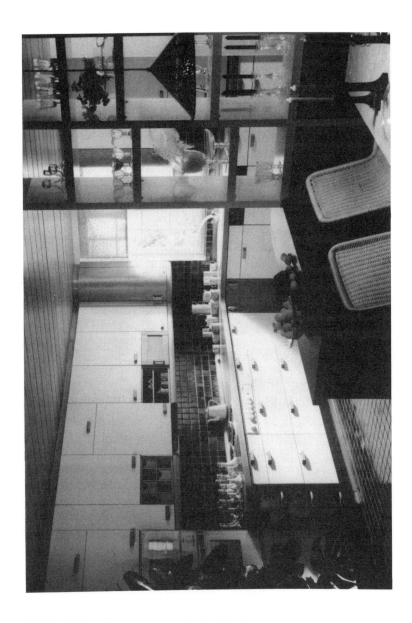

Bild 29: Blick in Küche mit raumteilenden Regalschrank.

Die bauliche Gestaltung. . . .

Innerhalb dieser Stellfläche können folgende Möbel bzw. Geräte untergebracht werden:

Herd, Kochstelle	60 cm
Spülplatz, zwei Becken und Abtropffläche (einschl. Geschirrspülautomat)	150 cm
Back- und Bratofen	60 cm
Kühlschrank	60 cm
Gefriergerät	60 cm
Speisenschrank	60 cm
Besenschrank	50 cm
Unterschränke für Geschirr, Kleingeräte, Zubehör etc., deren Abdeckung zugleich Vorbereitungs- und Abstellflächen für die verschiedenen Arbeitsgänge sind	200 cm
	700 cm

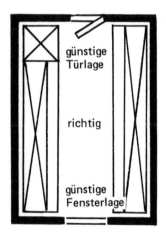
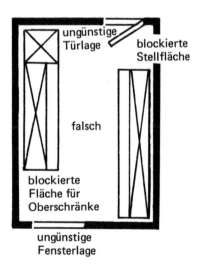

Bild 30: Tür-, Fenster- und Stellflächengestaltung im Grundriß.

Die bauliche Gestaltung. . . .

Damit die Wände voll als Stellflächen ausgenutzt werden können, sollten Fenster und Türen einen Seitenabstand von 35 cm von den jeweils anschließenden Mauern haben. Die Höhe der Fensterbrüstung beträgt am besten 1,15 m–1,20 m, damit genügend Bewegungsmöglichkeit auf der 85–90 cm hohen Arbeitsfläche bleibt. So müssen auch dort stehende Gegenstände beim Öffnen des Fensters nicht fortgeräumt werden und die verbleibende Wandfläche kann z. B. durch einen Magnethalter für Küchenmesser etc. genutzt werden.

Im Zusammenhang mit diesen Überlegungen sollte auch die Gestaltung des Fensters selbst unter die Lupe genommen werden. Gute Lösungen sind Kippflügel oder eine feststehendes Lichtband im unteren Drittel des Fensters bzw. Lüftungsklappen im oberen Teil, wenn die Brüstungshöhe aus zwingenden Gründen niedriger sein muß. Unter 90 cm sollte man aber keinesfalls gehen.

Die Türe sollte nach Möglichkeit nicht in die Küche aufgehen, da sonst wertvoller Bewegungsraum verloren geht. Der Abstand der Türe aus der Ecke sollte mindestens 65 cm betragen.

Im folgenden Kapitel bringen wir eine Übersicht für das Ausmessen von Küchen, in der alle wesentlichen Punkte nochmals zusammengefaßt sind.

Küchenformen

Je nach Gestalt und Größe des Raumangebotes lassen sich die Arbeits- und Schrankbereiche der Küche verschieden anordnen:
- In einer Zeile an der Installationswand bei mindestens 2,40 m Raumbreite und einer Längswand von 3,75 m. Diese Lösung empfiehlt sich nur für die Kleinküche eines Ein- oder Zweipersonenhaushalts oder einer Ferienwohnung.

Die bauliche Gestaltung. . . .

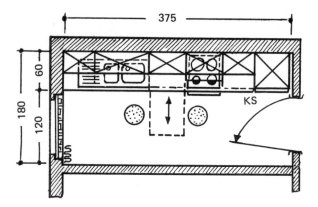

Bild 31: Die einzeilige Küche mit den Arbeitsplätzen an einer Wand.

• In zwei gegenüberliegenden Zeilen, zwischen denen ein Mindestabstand von 1,20 m vorhanden sein sollte, um einen ungestörten Bewegungsablauf zu gewährleisten. Diese Anordnung eignet sich besonders für einen verhältnismäßig langgestreckten Küchenraum mit Fenster und Tür auf den Schmalseiten. Hier ist besonders auf gute Beleuchtung für die Arbeitsplätze zu achten!

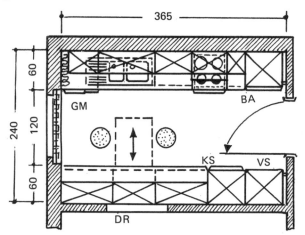

Bild 32: Die zweizeilige Küche mit den Arbeitsplätzen an den beiden gegenüberliegenden Längswänden.

Die bauliche Gestaltung. . . .

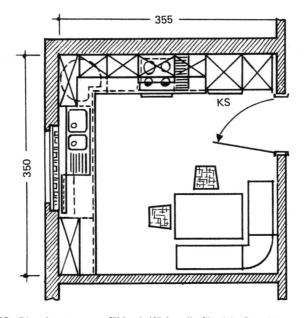

Bild 33: Die sehr anpassungsfähige L-Küche, die für viele Grundrisse in Alt- und Neubau verwendet werden kann.

● Die L-förmige Küchenform eignet sich für mittlere und größere Haushalte bei einem quadratischen oder breitgelagerten Grundriß. Sie ist besonders wegsparend, weil die Hausfrau während ihres Arbeitsablaufs nur ein relativ kleines Dreieck ausmessen muß. Ein Eß- oder Imbißplatz läßt sich hier besonders gut einplanen.

● Ähnlich verhält es sich bei der U-förmig angeordneten Küche, die durch Ergänzung eines Schenkels der L-Küche oder die Verbindung einer zweiseitigen Küche mit einer Arbeitsfläche entsteht.

● Bei einem langen, rechteckigen Küchenraum oder einer offenen Küchenform, die in das Eßzimmer übergeht, kann an die U-Küche ein Raumteiler oder eine Eßtheke G-förmig angestellt werden.

Die bauliche Gestaltung. . . .

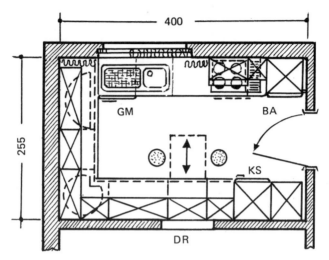

Bild 34: Die U-Küche.

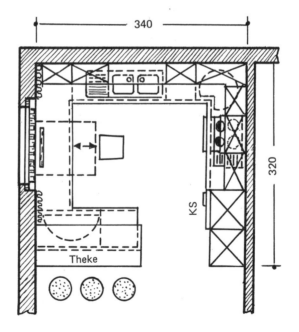

Bild 35: Die G-Küche.

Die bauliche Gestaltung. . . .

Bild 36: Die 5 Grundrißskizzen zeigen die verschiedenen Möglichkeiten der Anordnung von Arbeitsplätzen.

Allzu genau sollte man sich jedoch nicht an diese Schemata halten; sie zeigen nur einige Variationsmöglichkeiten, die sich je nach den räumlichen Gegebenheiten und individuellen Ansprüchen abändern lassen.

Einige Küchenmöbelhersteller bieten auch einen zentral in der Wohnung gelegenen Kochbereich an, was der Hausfrau die Familienkommunikation und das Anrichten sehr erleichtert. Zu achten ist hier besonders auf eine perfekte zentrale Entlüftung (aber ohne Zugluft für alle, die sich in diesem Bereich aufhalten!) und gute Punktbeleuchtungen.

Installation

Wenn Spülzentrum und Kochstelle bzw. Herd an einer Wand geplant sind, muß diese mindestens 3 m lang sein. Andernfalls kann das zweite Spülbecken nicht oder nur in der kleineren Ausführung untergebracht werden. Keinesfalls sollte man auf eine der beiden Abstellflächen verzichten, sie sind wichtigster Bestandteil des Spülzentrums (vgl. Seite 34). Eine Vergrößerung der rechten Fläche (Sammelplatz für Schmutzgeschirr) und damit die Funktionstrennung zwischen kleiner Arbeitsfläche und diesem Sammelplatz sind von großem Vorteil.

Sofern der Kochplatz übereck an der im rechten Winkel anschließenden Wand installiert ist, sollte die Vorderkante der Spültischeinheit 25 bis 30 cm davon entfernt sein, um die nötige Bewegungsfreiheit am Herd zu gewährleisten. Die große Arbeitsfläche von 1,20 m liegt am günstigsten neben dem Herd (U- bzw. L-Form) oder der Installationszeile gegenüber. Liegt der Arbeitsplatz im rechten Winkel zur Installationszeile, so ist eine Raumtiefe von 3,60 m erforderlich.

Die bauliche Gestaltung....

Wasserzu- und abläufe sollten mindestens 70 cm und höchstens 1,50 m aus der Ecke heraus eingeplant werden. Auf diese Weise läßt sich in jedem Fall eine 60 cm breite Fläche neben dem Becken vorsehen und eine Geschirrspülmaschine aufstellen. Die häufige Verwendung von Fertigteilen bringt es oft mit sich, daß für Rohre und Leitungen Schächte in den Raumecken vorgesehen sind. In solchen Fällen muß mit Hilfe des Architekten nach Lösungen für eine funktionsgerechte Ausstattung der Küche gesucht werden.

Der Abflußstutzen liegt am günstigsten etwa 30 cm hoch in der Wand. So kann das Wasser durch Eckventile in einer Höhe von etwa 50 cm links und rechts des Ablaufes zugeführt werden. Die Geschirrspülmaschine wird über eine spezielle Spülenarmatur angeschlossen. Diese enthält einen zusätzlichen Anschluß mit Ventil. Der Abwasserschlauch läßt sich über ein Kupplungsstück an das Siphonsystem der Spüle anschließen.

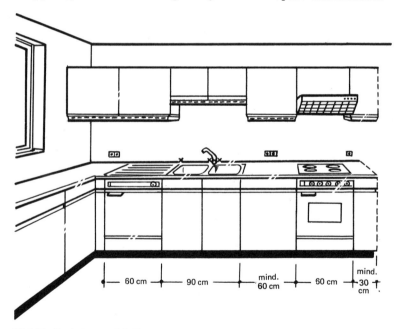

Bild 37: Kochplatz und Spülzentrum.

Die bauliche Gestaltung . . . .

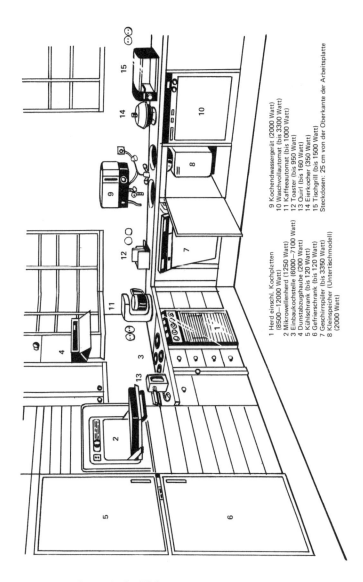

Bild 38: Anschlußwerte in der Küche.

Die bauliche Gestaltung....

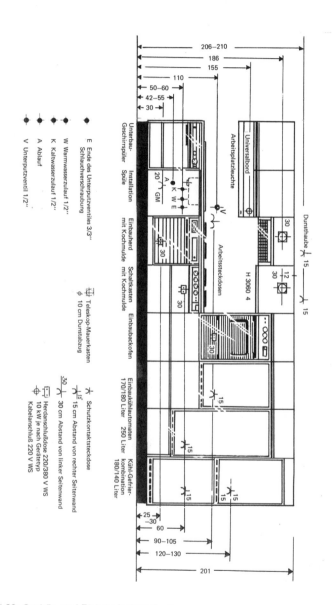

Bild 39: Sanitär- und Elektro-Installationen.

Die bauliche Gestaltung . . . .

Für die Elektroinstallation sollte man von vornherein mehrere Stromkreise und zahlreiche Steckdosen an den Arbeitsplätzen einplanen. So läßt sich die Küchenausstattung immer wieder auf den neuesten technischen Stand bringen, z. B. die Anschaffung eines Mikrowellenherdes oder eines Müllkompressors. Folgende Geräte benötigen eigene Anschlüsse: Herd (bzw. Kochplatten, Backofen), Kühl- und Gefrierschrank, Warmwasserboiler, Durchlauferhitzer, Müllkompressor, Wrasenabzug und die an den Arbeitsplätzen angebrachten Beleuchtungsquellen.

Die Gasinstallation ist durch ihr starres Rohrnetz ortsgebunden. Der Platz des Gasherdes richtet sich nach dem Gasanschluß. Bisher ist der Einbau einer Gassteckdose noch nicht überall zugelassen, die ein wenig mehr Flexibilität ermöglicht. Für die Warmwasserbereitung empfiehlt sich ein Gasdurchlauferhitzer, für Ferienhäuser und Camping Propan- oder Butangasflaschen. In jedem Fall hat es große Vorteile, wenn der Haushalt nicht von einer Energieart abhängig ist, man denke nur an einen Stromausfall. Daher sollte die Verlegung eines Rohrnetzes, auch wenn es zunächst ein Leerrohrnetz bleibt, unter den entsprechenden Voraussetzungen nicht versäumt werden.

Entlüftung

Für die Entlüftung und Rauchgasabführung sind nach Möglichkeit ein bis zwei Kamine (senkrechte feuerfeste Abzugsrohre) einzuplanen. Abluftschächte in Küche, Bad und WC sollten rechtzeitig miteingeplant werden, ein späterer Einbau bedeutet erheblichen Mehraufwand an Kosten und Installation.

Die Entlüftung durch einen Wrasenabzug, der an ein über Dach geführtes senkrechtes Entlüftungsrohr anschließt, ist für die Küche die beste Lösung. Eine Entlüftung durch die Außenwand ist zwar möglich, bringt aber den Nachteil mit sich, daß die Außenfläche der Wand in der Umgebung des Auslaßrohres durch die fettigen Dünste verschmutzt und es auf dieser Seite des Hauses nach dem jeweils gekochten Essen riecht.

Die bauliche Gestaltung . . . .

Auch eine einfache Dunsthaube mit Filtereinsatz, aber ohne Anschluß an ein Abzugsrohr, reicht nicht aus, vor allem dann nicht, wenn in der Küche gegessen wird oder die Küche in den Wohnbereich integriert ist. (Siehe unten Abb. Umluftausführung).
Dunst- und Wrasenabzüge sind über dem Herd respektive über Kochplatz, Backofen und Grillgerät sowie im Hausarbeitsraum über den Wasch/Trockengeräten anzuordnen. Die folgende Abbildung zeigt die zwei Variationen von Dunsthauben, einmal mit Umluftausführung, wobei die Luft nach der Filterung wieder in die Küche austritt, und die Abluftausführung, bei der die Luft in den Mauerkasten geleitet wird. Beide enthalten zusätzlich eine Arbeitsplatzbeleuchtung und ein mehrstufig schaltbares Gebläse, sowie einen großflächigen Spezial-Fettfilter. (Anschlußwerte: 110 Watt, 220 Volt Wechselstrom).

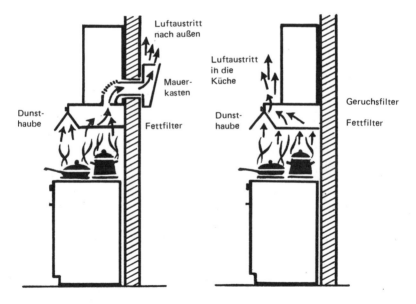

Bild 40: Die Installation von Dunsthauben, links in Abluftausführung, bei der die Luft nach außen geleitet wird, und rechts in Umluftausführung, bei der die Luft in den Raum zurückgeführt wird.

Die bauliche Gestaltung....

An mechanischen Entlüftungsarten gibt es außerdem noch den offenen Fenster- oder Wandventilator, eine zentrale Ventilation (Dachventilator) und eine Raumentlüftung, die entweder senkrecht im Deckenanschluß oder waagrecht unter dem Fenster eingebaut ist.

Müllbeseitigung

Zur Beseitigung des Mülls gibt es verschiedene Möglichkeiten: Zunächst den obligaten Mülleimer, der am besten an der Innenseite der Spültischtüre angebracht wird und sich automatisch öffnet, dann einen Müllbehälter auf Rollen mit Fußhebel zum Öffnen des Deckels, der sich besonders für den Abfall am Arbeitsplatz anbietet. Der früher so stark propagierte Müllwolf, der eine Müllabfuhr angeblich überflüssig machen sollte, hat sich bei uns nicht recht durchsetzen können. Dagegen findet sich in vielen Haushalten bereits der in den USA entwickelte Müllkompressor, der den Müll in einem Behälter zusammenpreßt, so daß dieser in kleinen Paketen herausgenommen und für die Abfuhr auf kleinem Raum gestapelt werden kann.

In Zukunft wird man wohl im Zuge der Wiederverwertung und Energieeinsparung auf getrennte Aufbewahrung von Glas, Karton, Blech und organischen Abfällen Wert legen. Dementsprechend müßten natürlich auch die Abfallbehälter konstruiert sein.

Am Schluß dieses Kapitels seien nochmals die wichtigsten Wünsche an den Architekten zusammengestellt:

- Fensterabstand mindestens 40 cm
- Fensterbrüstungshöhe mindestens 95 cm
- Heizkörper (besser Konvektoren als Radiatoren) in der Nische liegend
- Wasserzu- und ablauf für die Spüle mindestens 70 cm, höchstens 150 cm aus der Ecke heraus
- Luftschacht zur Ableitung der Küchenwrasen
- Abstand der Türe aus der Ecke mindestens 65 cm

Küchenplanung

Integration der Küche in den Wohnbereich

Die enge Beziehung zwischen Küche und Eßplatz wurde bereits in den früheren Kapiteln besprochen. Liegt der Eßplatz in einer an die Küche angrenzenden Diele, so empfiehlt sich eine Durchreiche als Arbeitserleichterung für die Hausfrau. Wird im Wohnzimmer gegessen, so hat sich die Eßnische, die beispielsweise durch einen Vorhang oder Raumteiler vom übrigen Raum getrennt werden kann, als praktisch erwiesen. Liegt zwischen Eßplatz und Küche ein Flur, sollten Durchgänge und Flur so breit sein, daß man problemlos mit einem Tablett oder fahrbaren Anrichtetisch durchgehen kann. Türschwellen und Höhenunterschiede auf diesem Weg sollten vermieden werden. Nach Möglichkeit strebe man jedoch immer die unmittelbare Nachbarschaft von Küche und Eßplatz an.

Praktisch ist ein Küchenbalkon oder ein Ausgang ins Freie von der Küche aus oder in ihrer unmittelbaren Nähe. Manche Putzarbeiten lassen sich besser im Freien erledigen, und im Sommer ist es für die Hausfrau angenehmer, wenn sie Arbeiten wie Gemüseputzen oder Kartoffelschälen in der frischen Luft ausführen kann. Kleinkinder können so besser beaufsichtigt werden. Auch jeder Wohnung sollte ein Freisitz – Terrasse, Loggia oder Balkon – zugeordnet sein, der einen gegen Einblick und Geräusche möglichst ungestörten Aufenthalt ermöglicht. Bei Hochhäusern ist eine Loggia dem Balkon vorzuziehen.

Wird ein Hausarbeitsraum gewünscht, so ist seine unmittelbare Nachbarschaft zur Küche oder eine Integration in den Küchenbereich anzustreben. Da es in der Küche und den Hauswirtschaftsräumen naturgemäß geräuschvoll zugeht, ist eine gute akustische Trennung zwischen diesem und dem Wohntrakt der Wohnung wichtig.

Die zahlreichen Beispiele auf den Abbildungen dieses Buches zeigen am besten die Vielfalt der Planungsmöglichkeiten. Alle Forderungen können meist nicht in gleicher Weise erfüllt werden. Eine Prioritätenliste erleichtert die Suche nach den günstigsten Kompromißlösungen.

Einige Worte seien noch zur Flexibilität eines Hausgrundrisses gesagt. Meist wird man sein Haus bauen, wenn der größte Familienumfang bereits erreicht ist oder sich abzeichnet. Man ist vielleicht in der glücklichen Lage, nicht an Raum sparen zu müssen. Jedes Familienmitglied besitzt seinen ausreichend großen Privatbereich, die Gemeinschaftsräume ermöglichen ein reges Familienleben mit zahlreichen Gästen, und die Hausfrau verfügt über funktionsgerechte Arbeitsplätze in Küche und Wirtschaftsbereich. Aber eines Tages ist es dann soweit, daß ein Kind nach dem anderen den Haushalt verläßt – das Haus ist viel zu groß geworden. Für diesen Fall erweist es sich als positiv, wenn man bei der Planung diesen zwangsläufigen Ablauf bedacht hat, etwa durch freigespannte Decken, die sich zum Einbau unterschiedlich gestalteter Räume eignen, durch Verkleinerung der Räume mittels Raumteiler u. ä. Ihr Architekt wird Ihnen für die Lösung dieses Problems eine Reihe von Vorschlägen unterbreiten.

Küchengestaltung

Noch vor zehn Jahren dominierte in unseren Küchen das streng sachlige Design; funktionsgerechte Gestaltung der Arbeitsplätze hatte den Vorrang vor einer gemütlichen Atmosphäre. Mittlerweile hat die Nostalgiewelle auch den Küchenbereich erfaßt: In den Prospekten der Küchenhersteller finden

Küchenplanung

sich Küchen wie aus Großmutters Zeiten, Bauernstuben und die verschiedensten Variationsmöglichkeiten für eine geschmackvolle Vertäfelung von Schrankelementen und Geräten. Die Hausfrau soll sich in ihrer Küche auch wohlfühlen und nicht wie in einem Laboratorium ihre Arbeiten verrichten.

Soweit es sich hier um den echten Wunsch nach mehr Wohnlichkeit handelt, sind die heutigen Angebote für die Küchengestaltung durchaus zu begrüßen. Sie gehen konform mit der Einbeziehung der Arbeitsplätze der Hausfrau in den Wohnbereich nach dem Motto: integrierte Küche. Doch bloße Modeerscheinungen an langlebigen Einrichtungen, wie es Küchenmöbel nun einmal sind, können recht lästig werden. Nur wer über soviel Mittel verfügt, seine Küchenausstattung alle paar Jahre zu erneuern, kann auch extreme Modeerscheinungen mitmachen. Neben den Extremen gibt es zahlreiche gute Mittelwege, die die Hausfrau auch nach mehreren Jahren in Gestalt und Farbgebung befriedigen werden. Die folgende Abbildung zeigt eine funktionsgerechte Küchenausstattung mit wohnlichem Design, wie sie sich auch für offene Wohnformen eignet.

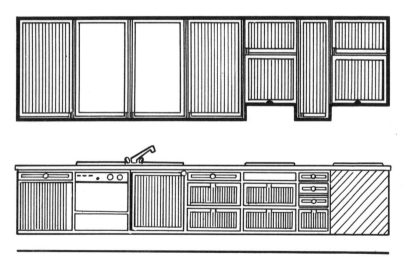

Bild 41: Funktionsgerechte Küchenausstattung mit wohnlichem Design.

Küchenplanung

Bild 42: Küche in Kombination weißer Kunststoff-Fronten mit farbigen Bügelgriffleisten.

Planung einer Küche für den Neubau eines Eigenheims

„Küchenplanung leicht gemacht", so lautet ein heute oft gebrauchter Werbeslogan. Viele Leute reagieren darauf eher mißtrauisch, und häufig haben sie auch recht damit. Wir wollen Ihnen in diesem Kapitel lediglich ein paar wichtige Tips geben, die Ihnen die Küchenplanung erleichtern sollen.

Der Kreis der potentiellen Küchenkäufer läßt sich in vier Kategorien aufteilen: Gruppe 1 wünscht die Planung und Ausstattung einer Küche für den Bau ihres Eigenheims. Gruppe 2 möchte in der eigenen Wohnung den Küchenbereich modernisieren oder umgestalten. Gruppe 3 sucht Verbesserungen ihrer Mietwohnungsküche und Entscheidungskriterien bei der Suche nach einer anderen Mietwohnung. Gruppe 4 hat spezielle Fragen für die Umgestaltung des Küchenbereichs in Altbauwohnungen.

Ganz allgemein ist zu sagen, daß jede Familie ihren eigenen Lebensrhythmus und ihre individuelle Einstellung zu den Arbeiten im Haushalt hat. Bei der Fülle des Angebots, das heute

Küchenplanung

in puncto Küche zur Verfügung steht, und bei richtiger Planung kann jedoch allen Wünschen Rechnung getragen werden. Wenden wir uns also zunächst der Gruppe 1 zu.
Solange noch kein Grundstück gekauft ist, bewegen sich die Gedanken meist um „Traumküchen", in denen Heinzelmännchen alle die Arbeiten verrichten, die uns bisher täglich geärgert haben, nach dem Motto: „Wenn erst einmal unser Haus steht, dann . . . . ."
Aber sobald das passende Grundstück gefunden ist, beginnen auch schon die vielfältigsten Probleme mit der Planung. Statt der „Traumküche" muß nun eine realisierbare Lösung gefunden werden, in der Küchengeräte und -maschinen sowie sinnvoll gestaltete Möbel die Funktion der Heinzelmännchen übernehmen.
Der kluge Haushaltsvorstand beruft in diesem Fall zunächst einmal den Familienrat ein. Wenn die Familie nicht zu denen gehört, bei denen Geld keine Rolle spielt, wird sie schnell die Grenzen entdecken, die jeder realistischen Planung von vornherein gesteckt sind: auf der einen Seite das Budget, auf der anderen Seite die Gegebenheiten des Grundstücks, als da sind Lageplan, Bebauungsvorschriften, Erschließung, Energieversorgung und die geographischen und klimatischen Bedingungen. Unter Berücksichtigung all dieser Kriterien ist als erster Schritt eine Wunschliste nach folgendem Schema aufzustellen:

- Welche Küchenart wird gewünscht? (z. B. Arbeitsküche, Eßküche, integrierte Küche etc.)
- Welche Tätigkeiten sollen in der Küche ausgeübt werden?
- Wird ein Hausarbeitsraum gewünscht? Wenn ja, für welche Funktionen? Soll dieser neben der Küche oder an anderer Stelle eingeplant werden? Hier sollten Sie sich über eine möglichst genaue Definition Ihrer Wunschvorstellungen klar werden.
- Welche Größe soll die Küche haben? Die erforderlichen Maße dafür errechnen sich nach folgenden Kriterien: Wieviele Personen zählt der Haushalt? Wieviele Personen arbeiten voraussichtlich häufig zugleich in der Küche? Wird

in der Küche gegessen oder ein Imbiß eingenommen? Sollen Kleinkinder von dort aus beaufsichtigt werden oder will die Hausfrau ungestört arbeiten können? Welche Geräte, Vorräte usw. sollen in der Küche untergebracht werden?

- Welche Himmelsrichtungen bevorzugen Sie für die Küche, den Eßplatz, den Hausarbeitsraum?

- Wird ein Eßplatz im Freien in Verbindung mit dem Wirtschaftsbereich gewünscht?

- Möchten Sie im Anschluß an die Küche bzw. den Hausarbeitsraum einen Freiplatz (im Garten, Terrasse, Atrium, Balkon) haben?

Um sich späteren Ärger zu ersparen, prüfen Sie vor Abschluß des Vertrages, ob Ihr Architekt bzw. die Baufirma bereitwillig auf Ihre vorgelegte Wunschliste eingeht. Die Ausstattung und Lage des Küchenbereichs im Wohnorganismus ist Ihre persönliche Angelegenheit. Durch den Grundrißentwurf werden die Weichen für die Realisierbarkeit Ihrer im Familienrat erarbeiteten Konzeption gestellt.

Bevor der Architekt an die Entwurfsarbeit geht, sollten Sie mit ihm anhand der Wunschliste alle Einzelheiten, vor allem auch die Prioritätenfolge Ihrer Forderungen, besprechen. Alle Wünsche lassen sich meist nicht unter einen Hut bringen, da ja auch wie gesagt die tatsächlichen Gegebenheiten die Möglichkeiten einengen. Aber in Gemeinschaftsarbeit aller Beteiligten läßt sich immer ein befriedigender Kompromiß finden. Nur – die „Traumküche" der Werbeprospekte gibt es nicht.

Prüfen Sie den Vorentwurf und alle weiteren Entwürfe genau anhand Ihrer Listen, damit Ihre Einwände bei dem endgültigen Grundrißplan berücksichtigt werden können. Für diesen Bereich des Hauses trägt die Hausfrau die Hauptverantwortung.

Küchenplanung

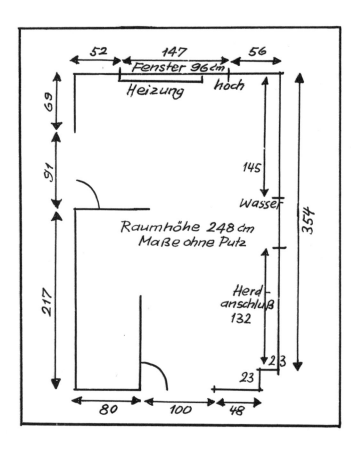

Bild 43: Handskizze für die Planung.

Küchenplanung

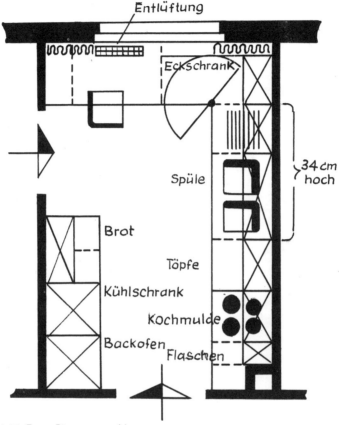

Bild 44: Erster Planungsvorschlag.

In diesem Stadium der Planung sollten Sie anhand der Grundrißmaße – möglichst in größerem Maßstab – eine Raumskizze der Küche bzw. des Wirtschafts- und Eßbereichs anfertigen. Millimeterpapier oder kariertes Papier eignen sich hierfür am besten.

Nachdem Sie die vorgesehenen Raumgrößen und -zusammenhänge mit Wänden, Fenstern und Türen eingetragen haben, ziehen Sie im Abstand von 60 cm an den Wänden entlang eine Linie. Anhand einer solchen Skizze können Sie den von Ihnen vorgesehenen Arbeitsablauf, d. h. die Anord-

Küchenplanung

nung von Kochbereich, Spülzentrum und Arbeitsplätzen (Steckdosen!) eintragen. Auch vom Hausarbeitsraum sowie vom Eßplatz sind solche Skizzen erforderlich. Anhand des endgültigen Entwurfs und Ihrer Skizzen können nun die verschiedenen Installationspläne für Wasser- und Warmwasserversorgung, Elektrizität, Gas, Entsorgung (Abwasser, Müllbeseitigung), Heizung und Lüftung angefertigt werden (vgl. die folgende Abbildung).

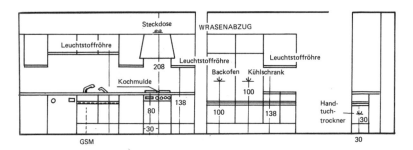

Bild 45: Planung der Installation.

Dabei ist besonders darauf zu achten, daß die Elektroanschlußwerte für die Küchengeräte ausreichen. Ist der Bauantrag einmal gestellt, kostet jede nachträgliche Änderung viel Zeit und Geld. Dies gilt in noch viel höherem Maß für Änderungen nach Baubeginn. Erst planen, dann bauen, so lautet die Devise auch für den Küchensektor.

Beim Maßnehmen im Rohbau ist folgendes zu beachten: Für den Wandverputz müssen pro Wand mindestens 2 cm (je nach Art des Verputzes bis zu 3 cm) hinzugerechnet werden. Das Raummaß verringert sich also um 4–6 cm (doppelte Verputzstärke) gegenüber den gemessenen bzw. in der Bauskizze eingetragenen Maßen.

Der Fliesenbelag trägt im Normalfall nochmals 3 cm auf.

Ein Familien-Eßplatz in der Küche erfordert zusätzlich eine Fläche von ca. 4 m^2. Für den Imbißplatz reicht dagegen

Küchenplanung

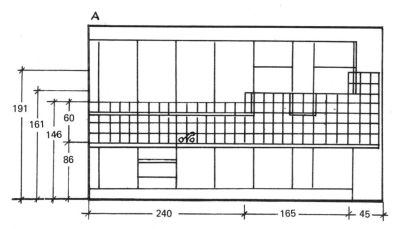

Bild 46: Planung des Fliesenbelags.

schon ein Ausziehtisch, wenn genügend Raum für Stühle bzw. Hocker zur Verfügung steht.
Die Standplätze für Herd, Spüle und Geschirrspülmaschine sind durch die Lage der Installationsanschlüsse festgelegt.

Prüfen Sie, ob
rechts vom Herd eine mindestens 30 cm breite Abstellfläche angeordnet werden kann,

zwischen Herd und Spüle ein mindestens 60 cm breiter Vorbereitungsplatz vorgesehen werden kann,

links vom Spülbecken eine mindestens 60 cm Abtropffläche einzuplanen ist,

über jeder Arbeits- bzw. Abstellfläche mehrere Steckdosen für Kleingeräte vorhanden sind.

Wenn diese Maße eingehalten oder gar noch zu erweitern sind, werden Sie auch bei späteren Modernisierungen keinen Platzmangel haben.
Für den Möblierungsplan können Sie die bereits angefertigten Grundrißskizzen verwenden, wenn diese im Maßstab

Küchenplanung

1 : 50 (d. h. 100 cm des geplanten Raumes entsprechen 5 cm auf der Skizze) gezeichnet sind. Wählen Sie einen größeren Maßstab, so können Sie sich nach den Maßen in den Angebotslisten der Küchenmöbelhersteller aus festem Papier bzw. dünner Pappe kleine Modellmöbel anfertigen. Auf diese Weise wird die Küchenplanung zum lustigen Familienspiel. Auch bei Anfertigung von Modellmöbeln sollten Sie zusätzlich eine Wandabwicklung von den Stellwänden Ihrer Küche skizzieren, und zwar im gleichen Maßstab wie dem des Grundrisses.

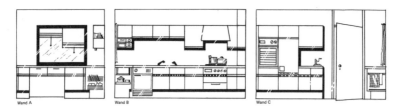

Bild 47: Möblierungsplan für drei Wände einer Küche.

Inzwischen werden Sie sich schon genau informiert haben, zu welchen Preisen und von welchen Firmen die einzelnen Küchenmöbel und -geräte angeboten werden. (Um sich mit den vielen Modellnamen und Typenbezeichnungen moderner Einbauküchen vertraut zu machen, empfehlen wir Ihnen, sich den Sonderdruck „Markenküchen/Küchenmarken" beim Verlag Die Planung, Holzhofallee 25–31, 6100 Darmstadt gegen Einsendung von DM 3,– zu bestellen). Eine Marktanalyse des Angebots ist zwar zeitraubend, gibt Ihnen aber einen guten Überblick über die breite Palette.

Zu diesem Zeitpunkt müssen Sie eine wesentliche Entscheidung treffen: Entweder Sie setzen Ihre Küchenplanung selbständig fort, oder Sie vertrauen sich einem Küchenspezialisten an. Ausschlaggebend dafür sind einmal finanzielle Gründe, dann aber auch die Eignung und Freude an eigenen hand-

werklichen Arbeiten. Sollten Sie zudem noch Möbel aus Ihrer früheren Küche wiederverwenden wollen, so lohnt sich das Engagement eines Küchenplaners nicht.
Erfahrene Küchenfachhändler und deren Mitarbeiter dürfen sich Küchenspezialisten nennen, wenn sie in Verbindung mit dem Küchenverkauf folgende Leistungen erbringen:
- Beratung im eigenen Ausstellungsraum
- Aufmaß in Ihrer Wohnung
- Planung der Kücheneinrichtung und Erstellung eines Angebots
- Anfertigung von Installations- und Fliesenplänen
- Anlieferung der Möbel und Geräte
- Montage und Küchendienst

Der Küchenplaner sorgt auch für den Festanschluß von Herd, Back- und Bratofen, Spüle und Geschirrspülmaschine, entweder durch eigene, dafür zugelassene Fachleute oder durch Vertragshandwerker.

Die Küche wird Ihnen betriebsfertig übergeben. Der Küchenplaner zeigt Ihnen die Funktionen der Geräte und berät Sie auch noch nach dem Verkauf.

Noch ein Tip: Fragen Sie gleich zu Beginn des Verkaufsgesprächs nach diesen Leistungen. Vergleichen Sie nicht nur die Preise, sondern auch die Serviceleistungen. Fragen Sie nach den Kosten für die Montage der Küchenmöbel und Einbaugeräte. Niemand hat etwas zu verschenken! Scheinbare „Rabatte" sind oft nur Preisnachlässe für weniger Service und verminderte Leistungen.

Durch den Küchenplaner sparen Sie jedenfalls viel Zeit und Arbeit. Ein zuverlässiger Service wird Ihnen auch bei späteren Pannen zugute kommen. Im allgemeinen werden Sie in allen der AMK angeschlossenen Fachgeschäften eine befriedigende Beratung erhalten, denn jede Firma ist daran interessiert, daß ihr Küchenplaner eine den Richtlinien der AMK entsprechende Ausbildung erhält.

In jedem Fall wird es günstig sein, Alternativangebote einzuholen. Lassen Sie sich nicht mehr verkaufen, als Sie wirklich brauchen! Achten Sie darauf, was die Preise beinhalten.

Küchenplanung

Häufig ist bei der einen Firma im Preis wesentlich mehr eingeschlossen als bei einer anderen.

Beim Kauf von An- bzw. Einbaumöbeln ist auf folgende Punkte zu achten:
Sockelrücksprung von mindestens 10 cm, damit ausreichende Fußfreiheit gewährleistet ist.
Justierbarkeit von Unter- und Wandschränken, damit diese Möbel bei der Montage auch schiefen Böden oder Wänden angepaßt werden können.
Die Sockelhöhe darf nicht zu gering sein (möglichst zwischen 20 und 30 cm).

Die Sockelblende sollte durchgehend und abnehmbar sein, damit keine Schmutzfugen entstehen und die Fläche unter den Schränken gesäubert werden kann.
Wenn wenig Platz vorhanden ist, empfiehlt sich eine Sockelschublade.
Um den Raum optimal auszunutzen, ist eine große Anzahl an Schrankbreiten notwendig, angefangen bei einem Minimum von 20 cm bis zu maximal 100 cm.
Für die Haltbarkeit der Möbel ist die Beschaffenheit der Schrankwände ebenso wie der Feuchtigkeitsschutz der Oberflächen (bei den Rückwänden beidseitig!) ausschlaggebend.
Federscharniere, die erst im letzten Drittel anziehen, verhindern Zuknallen der Türen.
Teleskopschienen ermöglichen ein müheloses Auf- und Zuschieben der Schubladen bei jeder Belastung.
Wenn die Schrankrückwände etwas zurückversetzt sind, wird eine Luftzirkulation ermöglicht.
Fahrbare Schränke und zusammenklappbare Tische bewähren sich vor allem dort, wo wenig Platz vorhanden ist. Freude an diesen Möbeln hat man aber nur, wenn es sich um einwandfreie Konstruktionen handelt. Bei allen fahrbaren Kleinmöbeln ist darauf zu achten, daß sie mühelos an einem Standpunkt arretiert werden können, am besten durch einen Fußhebel.

Alle Schränke mit Lochreihen bieten eine Variationsbreite, die in vielen Fällen (Umräumen, Neuanschaffungen usw.) von Vorteil sein kann. Wenn die Lochreihen nach dem Einräumen verschlossen sind, stören sie auch unser Schönheitsempfinden nicht.

In vielen Städten gibt es auch größere Handwerksbetriebe, die in Zusammenarbeit mit Möbelfabriken Küchenplanung und -einbau ausführen.

Noch ein Wort zum Thema Fertighaus. Wer sich für den Kauf eines Fertighauses entscheidet, kann zwar zwischen zahlreichen Angeboten auswählen, in der Küchenplanung sind dagegen den individuellen Wünschen Grenzen gesteckt. Bei der Wahl von Typ und Lieferfirma sollte vor allem auch der Küchen-Eßbereich genau nach den angegebenen Faustregeln überprüft werden.

Eine größere Gestaltungsmöglichkeit bieten die Häuser aus vorgefertigten Elementen, bei denen der Grundriß innerhalb des vorgegebenen Rahmens nach eigenen Wünschen entworfen werden kann.

In der Nähe von Großstädten ist es heute oft sehr schwer, privat an ein Baugrundstück heranzukommen. In der Regel kaufen Bau- und Bauträgergesellschaften das freie Gelände auf, sorgen für die Erschließung und erstellen den Bebauungsplan. Die Hauseinheiten werden dann entweder nach Abschluß der Planung oder auch erst nach Beendigung des Rohbaus verkauft. Der Bauherr hat so nur in begrenztem Rahmen ein Mitspracherecht. Eine genaue schriftliche Fixierung der Wünsche einschließlich der Kostenaufstellung für die Ausführung sollte jedenfalls bei Vertragsabschluß vorliegen.

Modernisierung im eigenen Haus oder in der Eigentumswohnung

In diesem Falle ist meistens bereits eine – von anderen geplante – Küche oder auch eine Teilausstattung (Herd, Spüle, Arbeitsplatte mit Unterschrank) vorhanden. Es empfiehlt sich jedoch, eine solche Teilausstattung beim Kauf eines Bauobjektes abzulehnen, da es oft schwierig ist, passende

Ergänzungsteile zu bekommen und Möbel und Geräte verschiedener Firmen oft nur schwer aufeinander abzustimmen sind.

Ist bereits eine vollständige Ausstattung vorhanden, so kann es sein, daß die Hausfrau bei ihrer täglichen Arbeit Mängel und Planungsfehler entdeckt (z. B. in der Anordnung der Möbel und Geräte), die sie beseitigt sehen möchte.

In beiden Fällen ist als erstes eine Situationsskizze anzufertigen, möglichst im Maßstab 1 : 50 oder 1 : 20, außerdem ein Inventarverzeichnis von Möbeln und Geräten sowie eine Liste über „Ärgernisse" bei der Hausarbeit; letztere kann noch durch eine Wunschliste ergänzt werden. Anhand von einschlägiger Literatur, Prospekten verschiedener Küchenfirmen und den eigenen Unterlagen können nun verschiedene Lösungen im Familienrat durchgespielt werden.

Nach diesen Vorarbeiten ist ein Gespräch mit einem Fachmann fällig, es sei denn, die Familie fühlt sich dazu imstande, zusammen mit entsprechenden Handwerkern die Umgestaltung in eigener Regie vorzunehmen.

Sobald aber die Änderung auch die Bausubstanz betrifft, ist die Mitarbeit eines Innenarchitekten unerläßlich. Ob man außerdem noch einen Küchenspezialisten heranziehen möchte, hängt von der Qualität des Architekten in puncto Küchengestaltung und davon ab, was das Ganze kosten soll. Ein Kostenvoranschlag zeigt, ob die gewählte Lösung dem Familienbudget entspricht oder dieses wesentlich übersteigt. Manche Anschaffungen lassen sich zurückstellen, ohne daß die Grundkonzeption aufgegeben werden muß.

Der Realisierung des Projektes — ob in eigener Regie oder in Zusammenarbeit mit einem Architekten oder Küchenspezialisten — steht nun nichts mehr im Wege. Sie verläuft in ähnlicher Weise wie bei Gruppe 1 (vgl. das vorhergehende Kapitel).

Veränderungsmöglichkeiten in einer Mietwohnung

Die Möglichkeiten zur Modernisierung des Wirtschaftsbereichs in Mietwohnungen sind meist relativ begrenzt. Sie unterscheiden sich auch sehr voneinander, je nachdem um welche Art

Küchenplanung

Mietshaus es sich handelt, wer der Vermieter ist, ob es sich um eine vollständige Einbauküche handelt, um eine Küche mit wenigen festmontierten Geräten oder nur um den leeren Raum mit den entsprechenden Anschlüssen für Wasser, Kanalisation und Energieversorgung. Ausschlaggebend für eine Modernisierung ist jedoch vor allem, wie lange Sie in dieser Wohnung bleiben wollen bzw. können.

Im folgenden sollen nun einige der am häufigsten vorkommenden Situationen geschildert und anhand von Beispielen erläutert werden.

Im allgemeinen sind bei uns die Küchen in Mietwohnungen nur mit Herd und Spüle ausgestattet. In diesem Fall können Sie sich anhand von Grundrißskizzen und den Listenangeboten verschiedener Küchenmöbelfirmen zu Hause die passenden Anbaumöbel aussuchen. Außerdem sollten Sie sich beim Vermieter oder der Hausverwaltung genau über die Elektrizitäts-Anschlußwerte informieren, bevor Sie sich zum Kauf entschließen. Vielleicht läßt sich die Elektroinstallation nach Rücksprache mit den zuständigen Stellen im Zuge einer allgemeinen Renovierung der Wohnung erweitern? An Steckdosen mangelt es fast immer in Mietwohnungen!

Unvollständige Küchenausstattungen können durch eigene Anbaumöbel ergänzt oder ersetzt werden. Vergessen Sie jedoch nicht, mit den entsprechenden Personen schriftlich zu vereinbaren, was im Falle eines Auszuges geschehen soll.

Für die Küche in einer Mietwohnung empfiehlt sich die Wahl von Standardmöbeln und -geräten, die sich ohne Schwierigkeiten später auch in einer anderen Wohnung aufstellen lassen. Fehlt es an Arbeits- und Abstellflächen, dann können ein Rollboy (fahrbarer Schrank in unterschiedlichen Ausführungen, z. B. als Anrichte- oder Servierschrank) oder ein Roll- und Klapptisch aushelfen. Auch das Abtropfgerät über dem Spülbecken ist praktisch. Mit einem Magnethalter an der Wand läßt sich ein Teil der Koch- und Vorbereitungsutensilien griffbereit aufbewahren (z. B. Messer, Kochlöffel usw.).

Für die Entlüftung sorgt eine Dunstauffanghaube mit Filtereinsatz über dem Herd. Bei häufigem Wechsel des Filtereinsatzes arbeitet sie durchaus befriedigend. Falls nur Decken-

Küchenplanung

leuchten vorhanden sind, kann die Beleuchtung an den Arbeitsplätzen durch Klemm-, Wand- oder Stablampen ohne allzu großen Aufwand verbessert werden. (Deckenbeleuchtung verursacht Schattenbildung auf der Arbeitsfläche.) Problematischer und in vielen Fällen wohl überhaupt unmöglich ist es, baulichen Mängeln im Küchenbereich einer Mietwohnung beizukommen. Am besten nehmen Sie zunächst einmal kariertes Papier, Bleistift und Farbstift zur Hand und fertigen eine Skizze von dem vorgefundenen Zustand an. In diese Skizze tragen Sie dann in einer anderen Farbe die Verbesserungsmöglichkeiten ein, die Sie sich überlegt haben, wobei naturgemäß größere bauliche Veränderungen ausscheiden, es sei denn, das Mietshaus soll insgesamt modernisiert werden.

Vielleicht entdecken Sie auch Verbesserungsmöglichkeiten, die mit verhältnismäßig einfachen Mitteln durchzuführen sind. So wäre es z. B. unter Umständen möglich, die Öffnungsrichtung von Tür- und Fensterflügeln oder die Brüstungshöhe des Fensters zu ändern. Auch eine nachträgliche Verfliesung der Installationswand kann ins Auge gefaßt werden, vor allem dann, wenn man sich mit einer Verkleidung der Wand mit Kunststoffplatten begnügt.

Am Beginn aller Planungsüberlegungen des Mieters steht die Rücksprache mit dem Vermieter. Auch wenn Sie mit eigenen Mitteln die Ausstattung der Küche verändern wollen, brauchen Sie seine Einwilligung. Wenn Sie Änderungen planen, die sich bei einem Umzug nur mit Schwierigkeiten an anderer Stelle wiederverwenden lassen, ist unter Umständen eine Abmachung mit dem Vermieter bezüglich Zuschuß oder späterer Übernahme erforderlich.

Liegt Ihre Wohnung in einem Hochhaus, kann bei grundlegenden Planungsfehlern in den Küchen eine Mieterinitiative gestartet werden. Doch sollte man sich zuvor genau überlegen, ob die in Aussicht genommenen Verbesserungen wirklich einen angemessenen Gegenwert für den Zeit- und Kraftaufwand, den ein derartiges Unternehmen erfordert, bringen werden. Auch die Interessengemeinschaft der Mieter müßte erst genau unter die Lupe genommen werden, ob sie

Küchenplanung

das nötige Durchhaltevermögen besitzen, damit nicht nach einiger Zeit nur noch einige Parteien dem Vermieter gegenüberstehen.

Altbaurenovierung

In unserem Zusammenhang interessieren nur die baulichen Veränderungen, die auch ohne Baufachmann durchzuführen sind. Jede Planung ist zwar von vornherein durch die Gegebenheiten des Altbaus stärker eingeschränkt als beim Entwurf für ein neues Eigenheim, dafür können hier aber mit einiger Phantasie besonders originelle Lösungen gefunden werden. An Raum wird es im Küchenbereich kaum mangeln. In den großen Altbauküchen, die auch für Hauspersonal gedacht waren, gibt es genügend Platz, oft zuviel für die berufstätige Hausfrau unserer Tage.

Sie werden es längst entdeckt haben: aus der Not läßt sich bald eine Tugend machen. Um die Küche modernen Ansprüchen gerecht werden zu lassen, gibt es verschiedene Möglichkeiten.

Man kann den Raum mittels einer Schrankwand unterteilen, die von beiden Seiten aus zugänglich ist oder eine Durchreiche besitzt. Die Wand soll nicht bis an die Decke reichen; je nach Zimmerhöhe bleibt das obere Drittel oder Viertel offen. Die 5. Wand wird auch nicht ganz durchzogen, zwischen Wand und Mauer bleibt ein möglichst breiter Durchgang. Den einen Teil richten Sie als Küche ein, den anderen als Eßzimmer. Deswegen brauchen Sie keinesfalls auf den Imbißplatz in der Küche zu verzichten. Raum steht genug zur Verfügung. Die Realisierung dieser Lösung bleibt ganz Ihrer Phantasie überlassen. Wer Spaß an eigener Gestaltung hat, findet hier ein weites Betätigungsfeld. Die folgenden Abbildungen zeigen verschiedene Variationsmöglichkeiten.

Küchenplanung

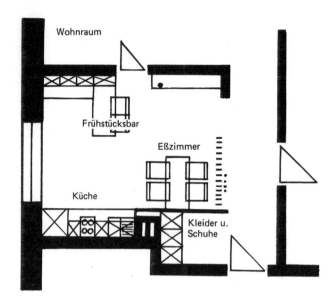

Bild 48: Küche mit Frühstücksbar und Eßzimmer.

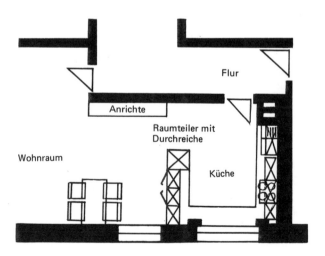

Bild 49: Integrierte Küche mit Raumteiler und Eßplatz.

Küchenplanung

Sie können natürlich bei einer Raumteilung auch auf der einen Seite die Küche mit Imbiß- oder Eßplatz anordnen und auf der anderen Seite einen Hausarbeitsraum, der vielleicht je nach Bedarf eine Spielecke und einen Hobbyplatz aufnehmen kann.

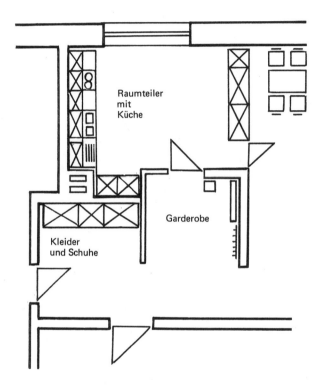

Bild 50: Küche mit Raumteiler und Eßplatz.

Nach einigen Jahren werden Sie sich gewiß über die Variationsmöglichkeiten bezüglich der Möblierung freuen: Kinder wachsen heran und Hobbyinteressen ändern sich.

Küchenplanung

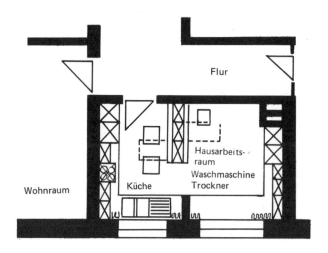

Bild 51: Küche und Hausarbeitsraum.

Möchten Sie auf eine visuelle Unterteilung durch Wand oder Hochschränke verzichten, dann bietet sich eine Gliederung des Raumes in Tischhöhe an. Eine Bar als zwangloser Eßplatz für kleine Mahlzeiten oder als Hochsitz für ein Schwätzchen mit der Nachbarin trennt die verschiedenen Funktionsbereiche des Küchenraumes. Ebenso kann natürlich auch der Eßplatz für die ganze Familie den Raum unterteilen, wie Abbildung 54 zeigt:

Auch der in der alten „Herrschaftsküche" übliche zentral aufgestellte Riesenherd feiert unter dem Namen „Kochinsel" in gewisser Weise seine Auferstehung. Eine solche Kochinsel braucht sehr viel Platz. Als Bindeglied zwischen Arbeitsplätzen und Eßbereich läßt sie sich in der Altbauküche gut einplanen.

Küchenplanung

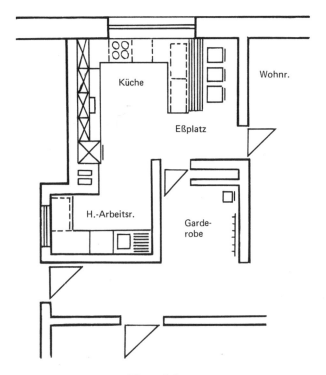

Bild 52: Küche mit Eßplatz und Hausarbeitsraum.

Den Kombinationsmöglichkeiten sind höchstens durch bauliche Vorgegebenheiten und die Grenzen des Budgets Schranken gesetzt. Wenn Sie Spaß am eigenen Planen haben, sollten Sie auf alle Fälle den Vorentwurf oder eine Vorschlagsskizze selbst anfertigen. Hier eine kleine Checkliste dafür:

Fertigen Sie eine Skizze von dem Raum im alten Zustand mit genauen Maßangaben und den vorhandenen Versorgungsanschlüssen (Wasser, Kanalisation, Gas, Elektrizität, Warmwasser, Heizung) an. Erstellen Sie eine Liste von Wünschen, die Sie für die neue Anlage haben, einschließlich der Neuanschaffungen. Im Anschluß daran fertigen Sie eine zweite Liste an, in der Sie die Gegenstände aufführen, die Sie aus der alten Küche wiederverwenden möchten.

Küchenplanung

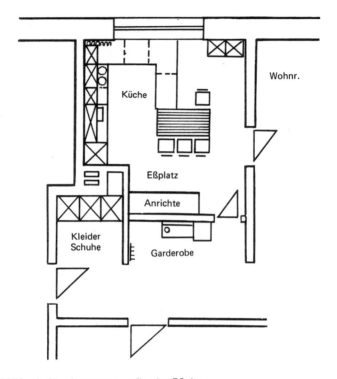

Bild 53: Küche mit raumunterteilendem Eßplatz.

Anhand von Prospektmaterial und Informationsgesprächen in Fachgeschäften werden entsprechenden Kostenaufstellungen gemacht. Hierbei ist auf das vielfältige Angebot in puncto Altbaurenovierung zu achten. (So liefert die Firma Zeyko beispielsweise Oberschränke in 6 verschiedenen Höhen und einem Verstellmechanismus für schiefe Wände.)

Nun gehen Sie mit Ihren Unterlagen zu einem Küchenspezialisten, der die von Ihnen ausgewählten Firmen vertritt. Mit ihm können Sie Ihren Plan besprechen und sich den endgültigen Kostenvoranschlag machen lassen.

Der weitere Verlauf entspricht in etwa demjenigen beim Neubau eines Eigenheimes. Da jedoch im vorliegenden Fall in der Regel kein Architekt eingeschaltet ist, sollte der von

Küchenplanung

Ihnen gewählte Küchenspezialist möglichst auch als Innenarchitekt ausgebildet sein oder einen solchen als Mitarbeiter beschäftigen. Er muß Ihnen noch vor Vertragsabschluß einen verbindlichen Terminplan für die an der Bausubstanz vorzunehmenden Änderungs- und Renovierungsarbeiten vorlegen. Nur wenn er sich bereit erklärt, innerhalb einer bestimmten Frist das gesamte Projekt durchzuführen, ist er der richtige Partner für Sie.

Ist Ihnen die oben geschilderte eigene Planungsarbeit zu langwierig und anstrengend, dann können Sie sich nach den ersten Überlegungen (Wunschliste, zur Verfügung stehende Mittel etc.) gleich an einen Architekten wenden. Auch den Rat anderer Hausfrauen sollte man einholen, denn bei allen Planspielen spielt die praktische Erfahrung immer eine wesentliche Rolle. Der neueste Trend auf dem Wohnsektor geht ohnehin davon aus, daß sich die Tätigkeit der Hausfrau inmitten des Familienlebens abspielt – Stichwort „Integrierte Küche" –, was einen nicht bloß nach wissenschaftlichen Kriterien zusammengestellten Arbeitsplatz erfordert.

Die AMK (Arbeitsgemeinschaft Moderne Küche)

Mit Recht wird gesagt, die Küche sei der am häufigsten vorkommende Arbeitsplatz der Welt. Nach statistischen Berechnungen leisten die Hausfrauen in der Bundesrepublik ein tägliches Arbeitspensum von rund 50 Millionen Stunden. Wissenschaftler haben anhand von Arbeitsplatzstudien (Griff- und Fadenstudien) die Küchenarbeit systematisch untersucht. Jede Tätigkeit im Haushalt wurde dabei in einzelne Phasen zerlegt, der Zeitverbrauch gemessen und daraufhin der günstigste Arbeitsablauf errechnet. Danach testete man mit einer Reihe von praktischen Beispielen, wieviel Zeit- und Arbeitsaufwand durch rationelle Küchenplanung eingespart werden kann. Die beiden folgenden Abbildungen zeigen eine weniger gut und eine funktionsgerecht eingerichtete Küche. Letztere brachte einen Weggewinn von 60 % und eine Zeitersparnis von 26 % gegenüber der schlechter eingerichteten. Für die Zubereitung eines bestimmten Gerichtes mußten in dem einen Fall 170 m Wegstrecke, im anderen bloß 70,3 m zurückgelegt werden.

Diese Ergebnisse wurden von der modernen Küchenindustrie entsprechend ausgewertet. In der Arbeitsgemeinschaft Die Moderne Küche (AMK) schlossen sich im Jahre 1956 namhafte Hersteller von Küchenmöbeln, Küchengeräten und -zubehör zusammen mit dem Ziel, einen funktionsgerechten Arbeitsplatz für die Hausfrau zu schaffen.

Die AMK

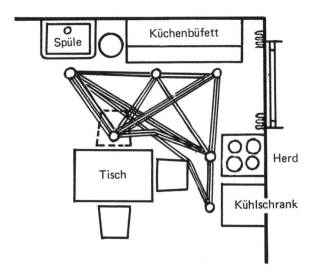

Bild 54: Schlecht eingerichtete Küche mit langen Wegstrecken für die Hausfrau.

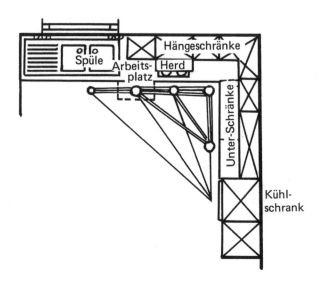

Bild 55: Gut eingerichtete Küche mit kurzen Wegstrecken.

Die AMK

Die zwölf Gründungsmitglieder umrissen die Aufgaben der Gemeinschaft in folgenden Punkten:

- Gemeinsame Informations- und Öffentlichkeitsarbeit
- Abstimmung bei den Abmessungen von Küchenmöbeln; Mitarbeit an einer deutschen Küchennorm
- Kontaktpflege mit Bauherren und Architekten, um mit ihnen die Voraussetzungen für den Einbau moderner Küchen zu erarbeiten
- Kontaktpflege mit Behörden und Verbänden, die in ihrem Aufgabenbereich den Küchensektor mitumfassen
- Kontaktpflege mit einschlägigen Forschungsinstituten, um die wissenschaftlichen Grundlagen für die Küchentechnik zu erweitern.

Die Zahl der Küchenmöbelhersteller sowie der Hersteller von Geräten, Halbfabrikaten und Zubehör wächst von Jahr zu Jahr.

Neben zahlreichen Arbeitskreisen, die sich mit allen anfallenden technischen Fragen beschäftigen, neben Pressearbeit, Seminar- und Vortragstätigkeit kümmert sich die AMK auch um die Berufsausbildung von Küchenspezialisten. Nach Absolvierung eines Fernlehrgangs, der aus 11 Lektionen besteht, kann sich der Teilnehmer zur Prüfung melden und erhält nach bestandener Prüfung das Diplom des „Geprüften Küchenspezialisten (AMK)".

Seine Aufgabe besteht darin, für jeden Raum eine individuelle Küchenplanung vorzunehmen und eine gewissermaßen „maßgeschneiderte" Lösung auszuarbeiten. Dazu gehören die Beratung des Kunden, Planung, Montage und Kundendienst. Bei der heute lieferbaren Vielzahl von Anbauprogrammen ist diese Aufgabe natürlich wesentlich komplizierter als früher beim Verkauf des Küchenbüffets. Ein Küchenplaner muß auch über kaufmännische, zeichnerische und gestalterische Fähigkeiten verfügen, denn der Absatz der Küchenmöbelhersteller richtet sich nach der Qualität der Verbraucherberatung und des Service.

Darüber hinaus bemüht sich die AMK um internationale Kontakte zu den Küchenmöbelherstellern anderer Länder, eine gegenseitige Abstimmung der technischen Voraussetzungen und die Angleichung der deutschen Normen an die europäischen.

Weiter bietet die AMK den Verbrauchern einen neutralen Beratungsdienst an, d. h. Beratung ohne Kaufzwang bei bestimmten Firmen. Zwar sind auch viele Küchenhändler zu einer solchen unverbindlichen Beratung bereit, aber sie wird in diesen Fällen naturgemäß nur auf bestimmte Produkte der eigenen Firma beschränkt bleiben, was dem Käufer die Übersicht über das lieferbare Gesamtangebot erschwert. Außerdem bieten in der Bundesrepublik derzeit 1 200 Beratungsstellen ihre — meist unentgeltlichen — Dienste an. Einige gehören zu Verbänden und Versorgungsunternehmen, andere werden von der öffentlichen Hand finanziert. Ihr Ziel ist es, die Verbraucher vor Lockvogelangeboten zu warnen und ihnen die Kaufentscheidung durch gezielte Informationen zu erleichtern.

Den Verbraucher interessiert in erster Linie, worauf er beim Kauf einer An- bzw. Einbauküche achten muß, welche grundsätzlichen Forderungen bei der Planung zu stellen sind, welche Händlerleistungen er für sein Geld erwarten kann und was er berücksichtigen muß, bevor er einen Vertrag unterzeichnet.

Aus all diesen Gründen veröffentlicht die AMK regelmäßig Informationsbroschüren, die den Kunden bei ihrer Kaufentscheidung behilflich sein sollen. Hier noch die Adresse der AMK: Arbeitsgemeinschaft Die moderne Küche eV, Karlstraße 15, 6100 Darmstadt.

Kleiner Spaziergang durch die Küchengeschichte

Die Küche ist nicht nur der weitverbreiteste, sondern auch der älteste Arbeitsplatz der Welt. Seit der Mensch gelernt hatte, durch Reibung Feuer zu entzünden, war er auch in der Lage, sich warme Speisen zuzubereiten. Aus dem Lagerfeuer entstand im Verlauf einer langen Zeitspanne das Herdfeuer in den Wohnhütten.

Während der ersten Hochkulturen wurden in den Häusern, Palästen und Burgen weitläufige Küchenanlagen geschaffen, in denen zahlreiche Bedienstete die Speisen zubereiteten. Mehrere solcher Anlagen wurden bei Ausgrabungen in Mesopotamien freigelegt. Sie stammen aus dem zweiten Jahrtausend vor Christus. Die Küche als separaten Wirtschaftsraum findet man in kleinen Häusern einfacher Bürger erst in Griechenland, so bei Ausgrabungen auf der Insel Delos und in dem antiken Stadtgebiet von Olynthos (Chalkidike, Nordgriechenland).

Über die Küche und ihre Ausstattung in römischer Zeit wissen wir vor allem durch die Ausgrabungen in Pompeji und Herculaneum gut Bescheid. In den großen römischen Stadthäusern und Landvillen wurden beispielsweise die Bäder vom Küchen-Wirtschaftsbereich aus beheizt. Aber auch nördlich der Alpen konnten verschiedene Wirtschaftsanlagen anhand von Mauerresten, Tonrohren, Brunnen und Einrichtungsstücken identifiziert werden.

Kleiner Spaziergang . . . .

Die Burgen und Klöster des Mittelalters hatten große Küchen mit gewaltigen, auf Pfeilern aufgemauerten Rauchfängen. In einigen Fällen wurden sie auch als selbständige zentrale Steinbauten errichtet. Beispiele dieser Art lassen sich vor allem in Frankreich und England finden.

Im Bauern- und Bürgerhaus war seit dem späten Mittelalter ebenfalls die gesonderte Küche mit Rauchfang üblich. Die dekorativen Rauchfänge verschwanden erst nach 1800, als man die offenen Herdstellen durch ofenartig gemauerte Küchenherde, deren Feuerungsräume mit Rohren an einen Schornstein angeschlossen waren, ersetzte.

Zur Kücheneinrichtung gehörte eigentlich schon zu allen Zeiten außer der Kochstelle ein Spül- oder Ausgußstein oder auch ein Brunnen. In größeren Küchen gab es fest eingebaute Tische mit schweren Stein- oder Holzplatten.

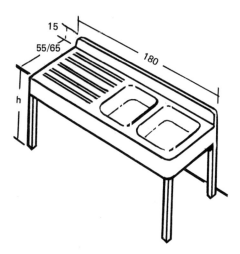

Bild 56: Doppelspültisch mit Abtropfplatte.

Reizvoll gestaltet waren die kupfernen Gerätschaften, die meist an den Wänden aufgehängt wurden. Utensilien aus Holz, Zinn- und Tongeschirr ergänzten die Ausstattung, die, auf den großen Bauernhöfen zum Beispiel in gediegenen Küchenschränken und -regalen untergebracht waren.

Kleiner Spaziergang . . . .

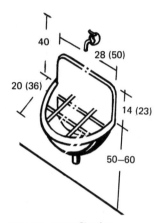

Bild 57: Ausgußbecken.

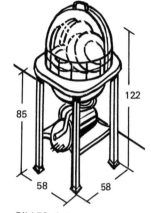

Bild 58: Spülmaschine.

In diesen Landküchen, in denen sehr viel eingemacht, aber auch das Viehfutter gekocht wurde, herrschte rege Betriebsamkeit. Doch zu den Mahlzeiten und am Feierabend war es hier recht gemütlich. Mägde und Knechte, Bauer und Bäuerin und die Kinder saßen gemeinsam um den großen Holztisch. Die Küche diente allen als Aufenthaltsraum, sie war Eß-, Wohn- und Arbeitsbereich zugleich. Am Samstagabend wurde hier auch der Zuber für das wöchentliche Bad aufgestellt.

Den gemauerten Herd und Backofen löste der eiserne Herd ab, der wesentlich weniger Platz beanspruchte.

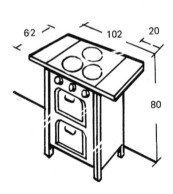

Bild 59: Elektro-Küchenherd.

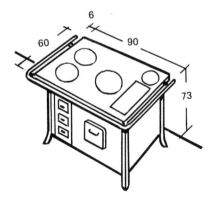

Bild 60: Kohlenherd.

Die ersten serienmäßig gefertigten Küchenbüffets kamen auf den Markt. In den Großstädten versorgte ein Leitungssystem die Haushalte mit fließendem Wasser und die Entsorgung wurde durch ein Kanalisationssystem geregelt.

Bei den in den zwanziger Jahren einsetzenden Rationalisierungsbestrebungen auf dem Wohnungsbausektor wandte sich das Interesse in besonderem Maße der Ausgestaltung der Küche als dem Wirtschaftszentrum der Wohnung zu. Dabei stellte man Überlegungen an, wie die Küche einerseits am besten in den Wohnbereich zu integrieren sei und wie der Arbeitsprozeß durch sinnvolle Anordnung von Möbeln und Geräten zeitsparend und rationell gestaltet werden könnte. Schon damals wurde eine Reihe von Grundsätzen ausgearbeitet, die z. T. noch heute gelten können.

Die Abbildung auf Seite 103 zeigt das Schema der von Prof. May entwickelten „Frankfurter Küche":

In den USA hatte der berühmte Architekt Frank Lloyd Wright bereits um die Jahrhundertwende die Bedeutung einer Rationalisierung des Küchenbereichs erkannt. Er unternahm als erster den Versuch, die Hausfrauenarbeit durch funktionsgerechte Küchenplanung zu erleichtern. Dazu übernahm er die von F. B. Gilbreth in Industriebetrieben angestellten Arbeitszeitstudien für den Hausfrauenbereich.

In den dreißiger Jahren plante man dann aufgrund wissenschaftlicher Untersuchungen eine perfekt durchorganisierte Laboratoriumsküche. Man trifft diesen Küchentyp noch heute gelegentlich an, vor allem in den USA, und er dient ganz sicher der Arbeitserleichterung der Hausfrau. Auch in der Schweiz und in Schweden finden sich schon seit mehreren Jahrzehnten auf Rationalisierung abgestellte Einbauküchen. Solche Standardküchen wurden vor allem in Mietwohnungen eingebaut.

In der Bundesrepublik bemühte man sich nach dem Krieg um die Entwicklung einer Küchenforschung auf wissenschaftlicher Basis. Die Erkenntnisse der zwanziger Jahre wurden durch Griff- und Fadenstudien bestätigt.

Fachgremien entwickelten entsprechende Normmaße und die DIN 18022 für den Küchenbereich. Der Zusammenschluß

Kleiner Spaziergang . . . .

einiger Küchenmöbelhersteller zur Arbeitsgemeinschaft Moderne Küche im Jahre 1956 wirkte sich auf die Gestaltungs- und Einrichtungsmöglichkeiten äußerst positiv aus. Durch die AMK sind in den letzten beiden Jahrzehnten Maßstäbe für Qualität in Entwurf, Ausstattung und Effizienz auf dem Küchensektor gesetzt worden, die sich nicht nur für die deutsche Käuferschaft, sondern auch im Ausland bewährt haben.

Derzeit scheinen wir wieder am Beginn einer neuen Anschaffungsphase zu stehen. Es ist wohl kein Zufall, daß sich das Wunschdenken erneut auf den häuslichen Bereich konzentriert. Dafür ist in erster Linie unsere immer hektischer werdende Umwelt verantwortlich. Der in Außenwelt und Beruf ständig unter Streß stehende Mensch unserer Tage sucht für seine Privatsphäre einen Platz, an dem er sich entspannen und regenerieren kann. So hat auch die alte Form der „Wohnküche" heute wieder in vielen Wohnungen Eingang gefunden. Die Möbelwirtschaft hat diesen Trend rechtzeitig erkannt und sich seit Jahren darauf eingestellt. Nie zuvor war das Angebot in den Einrichtungshäusern und Wohnstudios so vielfältig wie heute. Die Küchendesigner haben den früher ausschließlich nach funktionellen Gesichtspunkten gestalteten Möbeln und Geräten gefälligere Formen gegeben und durch Verwendung entsprechender Materialien und einer breiten Farbpalette den häuslichen Arbeitsbereich zu einem wohnlichen Aufenthaltsraum gemacht.

In Zukunft wird sich dagegen möglicherweise der entgegengesetzte Trend wieder durchsetzen: Die Hausfrau sitzt dann nunmehr am Schaltplatz eines vollautomatisierten Küchenbetriebes und überwacht die sich selbständig abwickelnden Koch- und Arbeitsvorgänge.

Inwieweit sich diese volltechnisierte Küche durchsetzen wird, bleibt abzuwarten. Ganz wird sich der individuelle Gestaltungswille der Hausfrau – bei allem Zwang zur Zeitersparnis – wohl kaum ausschalten lassen.

Kleiner Spaziergang ....

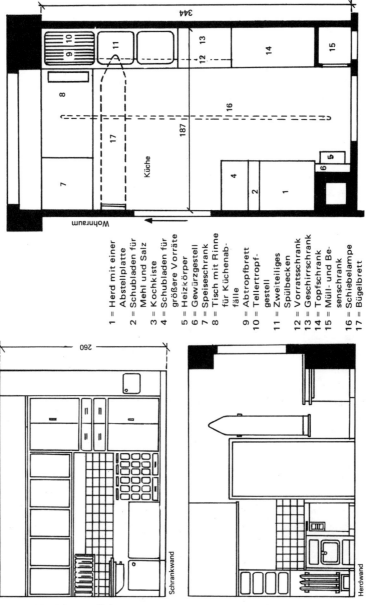

1 = Herd mit einer Abstellplatte
2 = Schubladen für Mehl und Salz
3 = Kochkiste
4 = Schubladen für größere Vorräte
5 = Heizkörper
6 = Gewürzgestell
7 = Speiseschrank
8 = Tisch mit Rinne für Küchenabfälle
9 = Abtropfbrett
10 = Tellertropfgestell
11 = Zweiteiliges Spülbecken
12 = Vorratsschrank
13 = Geschirrschrank
14 = Topfschrank
15 = Müll- und Besenschrank
16 = Schiebelampe
17 = Bügelbrett

Bild 61: Frankfurter Küche.

Kleiner Spaziergang . . . .

Bild 62: Schrankküche für kleine Wohnungen und Appartements, bestehend aus Unterschrank, Kühlschrank, Spülbecken und zwei Kochplatten.

Anhang

Testen Sie Ihre Küche

Wenn Ihnen die Küchenarbeit leichter von der Hand gehen soll, wenn Sie mehr Freizeit für sich und Ihre Familie gewinnen möchten, dann muß bei der Planung und Einrichtung Ihrer Küche alles „stimmen".
Prüfen Sie, ob das in Ihrem Haushalt der Fall ist. Nehmen Sie diesen Test zum Anlaß, Mängel, über die Sie sich schon oft geärgert haben, zu beheben. Oft kann schon durch eine Veränderung von Details — ohne großen Kostenaufwand — eine Verbesserung der Gesamtkonzeption Ihres „häuslichen Arbeitsplatzes" erreicht werden.
Darum: Machen Sie mit bei unserem Testspiel, das in Zusammenarbeit mit der Arbeitsgemeinschaft Die Moderne Küche (AMK) entstand, und beantworten Sie sich selbst die Frage: Wie gut ist meine Küche?
Zu jeder Ziffer (Ausnahme: Frage 9) ist jeweils e i n e Antwort möglich. Setzen Sie den Punktwert in die dafür vorgesehene Spalte ein. Zum Schluß brauchen Sie diese 12 Zahlen nur zu addieren und erfahren dann in der Auswertung, wie es um Ihre Küche steht.
Kochnischen und Appartementküchen können in diesem Test n i c h t bewertet werden.

Anhang: Testen Sie. . . .

1. Wie groß ist Ihre Küche?

unter 7 qm	**1 Punkt**
7 bis 9 qm	**3 Punkte**
über 9 qm	**5 Punkte**

Punktzahl _5_

2. Küche und Eßplatz

Der Eßplatz ist Bestandteil der Küche bzw. befindet sich unmittelbar neben der Küche **5 Punkte**

Von der Küche zum Eßplatz führt der Weg über den Flur **1 Punkt**

Punktzahl _5_

3. Wieviel Schutzkontakt-Steckdosen?

Zusätzlich zu den Steckdosen, an denen die Großgeräte (wie z. B. Kühlschrank) ständig angeschlossen sind, stehen in der Küche zur Verfügung:

0 bis 1	**1 Punkt**
2 bis 3	**3 Punkte**
4 und mehr	**5 Punkte**

Punktzahl _5_

4. Welchen Küchentyp besitzen Sie?

Moderne Einbauküche mit durchgehenden Arbeits- und Abstellplatten **5 Punkte**

Anbauküche, in der Möbel und Geräte nebeneinander stehen, ohne durchgehene Arbeitsplatten **2 Punkte**

Küchenblock (Küchenzeile) ca. 2,50—3,00 Meter breit als fertige Einheit gekauft, zur Ausstattung nur einer Stellwand **2 Punkte**

Einzelmöbel (Küchenbüffet, Tisch usw.) **1 Punkt**

Punktzahl _5_

5. Zwischen Herd und Spüle

Zwischen Herd und Spüle befindet sich:
ein mindestens 60 cm breiter Vorbereitungs-(Arbeits-)Platz **5 Punkte**

Der Vorbereitungsplatz zwischen Herd und Spüle ist weniger als 60 cm breit **3 Punkte**

Kein Vorbereitungsplatz zwischen Herd und Spüle vorhanden **1 Punkt**

Punktzahl _5_

6. Innenausstattung der Küchenschränke

a) Auszüge bzw. ausziehbare Aufbewahrungskörbe **5 Punkte**

b) Feste Einlegeböden, die nur in der Höhe nicht verstellbar sind **3 Punkte**

c) Feste Einlegeböden, die in der Höhe nicht verstellbar sind **1 Punkt**

d) Unterschiedliche Innenausstattung der Schränke (Mischung aus a, b und c) **4 Punkte**

Punktzahl _4_

7. Können Sie im Sitzen arbeiten?

Ja, am freistehenden Tisch in der Mitte des Küchenraumes **2 Punkte**

An ausziehbarer oder ausschwenkbarer Arbeitsplatte (Höhe 65-70 cm) **5 Punkte**

Am Eßplatz (nur, wenn der Eßplatz Bestandteil der Küche ist!) **3 Punkte**

Keine dieser Möglichkeiten vorhanden **1 Punkt**

Punktzahl _3_

Anhang: Testen Sie . . . .

8. Geschirrspülen

Vorhanden ist (sind):

Einbeckenspüle	2 Punkte
Zweibeckenspüle	3 Punkte
Einbeckenspüle und Geschirrspülautomat	4 Punkte
Zweibeckenspüle und Geschirrspülautomat	5 Punkte
Ein mit der Wand fest verbundener Spülstein	1 Punkt

Punktzahl _4_

9. Vorhandene Großgeräte

Kühlschrank	2 Punkte
Geschirrspülautomat	1 Punkt
Herd ohne Backofen	1 Punkt
Herd, kombiniert mit Backofen	2 Punkte
Kochmulde und Backofen (separat in Arbeitshöhe)	3 Punkte
Gefriergerät	1 Punkt
Grilleinrichtung	1 Punkt
Mikrowellengerät	1 Punkt

Addition der Punktzahl aus Frage 9
_5_

10. Licht in der Küche

Nur eine zentrale Deckenleuchte	1 Punkt
Deckenleuchte und Zusatzbeleuchtung über einem (hauptsächlich benutzten) Arbeitsplatz	3 Punkte
Deckenleuchte und zusätzliche Beleuchtung über allen wichtigen Arbeitsplätzen (z. B. Hauptarbeitsplatz, Vorbereitungsplatz, Herd, Spüle)	5 Punkte

Punktzahl _5_

11. Lüftung

Nur durch Öffnung des Fensters möglich	1 Punkt
Zusätzlich Ventilator	3 Punkte
Zusätzlich Dunstfilter (Umluftgerät)	3 Punkte
Zusätzlich Dunstabzug (Abluftgerät)	5 Punkte

Punktzahl _5_

12. Strengt Sie die Küchenarbeit an?

Nein, überhaupt nicht	5 Punkte
Ein wenig	3 Punkte
Ja, sehr	1 Punkt

Punktzahl _3_

Addition der Punktzahlen aus den Fragen 1–12 _54_

Anhang: Testen Sie. . . .

Auswertung:

Bis 35 Punkte:
Ihre Küche ist — Sie haben es sicher selbst schon gemerkt — nicht gerade das, was man sich heute unter einem modernen Arbeitsplatz für die Hausfrau vorstellt. Falls der niedrige Punktwert u. a. darauf zurückzuführen ist, daß die Beantwortung der Fragen 1, 2, 3, 10 und 11 nur je einen Punkt ergeben hat, dann sind Sie ein Opfer des Architekten geworden, denn schon bei der Küchenraumplanung wurden einige Fehler gemacht.
Lassen Sie sich durch diese Feststellung nicht entmutigen. Auch für Ihre Küche gibt es gewiß eine Kompromiß-Lösung, die jedoch nur durch eine ganz individuelle Planung erreicht werden kann.
Sprechen Sie mit dem Küchenfachhändler (Küchenspezialisten) und prüfen Sie mit ihm gemeinsam, welche Möglichkeiten sich zur Verbesserung und Modernisierung Ihrer Küche anbieten.

36—51 Punkte:
In Ihrer Küche ist manches verbesserungsbedürftig, aber Sie können sich mit relativ geringem Aufwand einen vorbildlichen und modernen häuslichen Arbeitsplatz schaffen. Am besten, Sie nehmen ein Stück Millimeterpapier zur Hand und zeichnen Ihre Küche mit der bisherigen Einrichtung einigermaßen maßstabgerecht auf. Anhand dieser Skizze wird Ihnen der Küchenfachhändler (Küchenspezialist) Vorschläge für die optimale Ausstattung und Gestaltung Ihrer Küche unterbreiten.

Über 50 Punkte:
Herzlichen Glückwunsch! Viele Hausfrauen träumen von einer Küche, wie Sie sie haben. Gewiß, sollte Ihre Punktzahl zwischen 50 und 56 liegen, dann gibt es immer noch Möglichkeiten, dies und jenes zu verbessern. Aber das steht vermutlich ohnehin auf Ihrem Programm; das beweist das gute Ergebnis, das Sie in diesem Test erreicht haben.

Suchwörterverzeichnis

Abstellplatte 20
Allgaskoch- und heizherd 31, 34
Altbaurenovierung 87 ff.
Ansatztisch 47
Anschlußplatte 23
Appartementküche 105
Arbeitsgemeinschaft Moderne Küche (AMK) 19, 55, 81, 94 ff., 102, 105
Arbeitsplatte 47
Ausziehtisch 14, 47

Backofen 28
Bartheke 47
Bauhaus 8
Beckenraum 36
Beistellherd 27
Bügelmaschine 53

Cerankochfelder 29

Drehstuhl 22
Dreiplattenherd 25
Dunstabzugshaube 38
Dunsthaube 68

Eierkocher 39
Einbaukochstelle 38
Einbauküche 26, 27, 80, 85
Elektroinstallation 67
Eßküche 14 ff.
Eßplatz 13, 14, 47 ff., 78
Eßtheke 61
Exzenterventil 26

Fachverband Elektro-Haushaltgeräte im ZVEI 38
Fertighaus 83
Frankfurter Küche 8, 101

Gasbrenner 31
Gas- Einzelraumheizer 34
Gasherd 67
Gasinstallation 67
Gaskühlschrank 34
Gassteckdose 67
Gaswasserheizer 34
Gefrierschrank 38, 39, 44 ff., 67
Geprüfter Küchenspezialist (AMK) 96
Geschirrspüler, Geschirrspülmaschine 38, 39, 64, 79

109

Suchwörterverzeichnis

Gewürzständer	22
Glaskeramikkochfeld	29
Griff- und Fadenstudien	94
Haesler, Otto	8
Hausarbeitsraum	12, 14 ff., 51 ff., 71, 78
Heißluftbackofen	29
Heizkörper	56
Herculaneum	98
Herd	58, 79
Herdumbauschrank	26
Hochschrank	39 ff.
Imbißplatz	14, 47 ff., 78
Informationszentrale der Elektrizitätswirtschaft e.V.	24
Infrarot-Grill	34
Installationswand	59
Installationszeile	17, 63
Integrierte Küche	93
Kaffeeautomat	38
Klapptisch	19
Kleinküche	17
Kleinspeicher	38
Kochinsel	90
Kochmulde	27, 28, 29
Kochnische	17, 105
Kochstelle	58, 63
Küchenblock	17
Küchenbüffet	101
Küchenschrank	40
Küchenspezialist	80 ff., 93
Küchenwrasen	69
Kühlschrank	38, 44 ff., 58, 67
Laboratoriumsküche	101
Magnetron	31
May, Prof.	101

medi-Küche	18
Mietwohnung	84 ff.
Mikroprozessor	38
Mikrowellenherd	31, 38
Müllkompressor	67, 69
Müllwolf	69
Nirostaplatte	34, 36
Normalbrenner	79
Oberschrank	39 ff.
Olynthos	98
Pompeji	98
Quirl	39
Raumtrennwand	40
Rüstkorb	36
Rüstmulde	36
Schrankraum	28, 39 ff.
Schrankwand	87
Schütte-Lihotzky	8
Schüttensatz	22
Spülbecken	63
Spüle	79
Spülzentrum	19, 34, 36, 63, 78
Standherd	24
Standrohrventil	36
Starkbrenner	31
Therapiezentrum	18
Thermaplanherd	31
Thermostat	28
Tischgrill	39
Toaster	29
Unterschrank	39 ff.
Verlag Die Planung	80

Suchwörterverzeichnis

Versorgungsanschlüsse	91	Waschvollautomat	39, 39
Vorratsschrank	40	Wobbler	31
		Wohnküche	102
		work-center	14 ff.
Wandschrank	40	Wrasenabzug	53, 67, 68
Warmhaltefeld	29	Wright, Frank Lloyd	101
Warmwasserboiler	67		
Wäschetrockner	53	Zonenkochherd	31

Bildnachweis:

Bilder 3, 16, 23, 42, 62:	Fa. Robert Bosch GmbH (Bosch Pressebilder).
Bilder 7, 26, 29:	Fa. Gebrüder Leicht, Möbelfabriken, Schwäbisch-Gmünd (Werkfotos).
Bild 10:	Fa. Bauknecht (Werkfoto).
Bilder 14, 19, 20:	Fa. ALNO (Werkfotos).
Bild 15:	Fa. Küppersbusch (Werkfoto).

Die Zeichnungen der Bilder 1, 2, 56 – 60 wurden nach Vorlagen aus Neufert, Bauentwurfslehre, Ausgabe 1935, gefertigt.

Die übrigen Zeichnungen in diesem Buch wurden nach Vorlagen aus Prospekten der Firmen Fr. Poggenpohl KG, AEG-Telefunken, Zeyko-Schwarzwälder Küchenmöbelwerke GmbH Kopp & Zeyher sowie der „AMK-Arbeitsgemeinschaft Moderne Küche" nachgezeichnet.

Für den Fachmann und den interessierten Laien zwei unentbehrliche Bücher zu Küche und Bad

Dipl.-Ing. Albrecht Prömmel
Kommentar zur DIN 18022
Küche, Bad, WC und Hausarbeitsraum —
ein Leitfaden für Planung und Ausführung

128 Seiten, 42 Abbildungen, kart.
ISBN 3-7906-0050-4　　　　　　　　　　　　　DM 16,80

Die DIN 18022 ist Planungs- und Entwurfsrichtlinie für alle, die Küche, Bad, WC und Hausarbeitsraum ausstatten und einrichten, für den Architekten ebenso wie für die Küchenmöbel- und Geräteindustrie, für den Sanitärgroßhandel und das Handwerk. Aber auch der Bauherr und Hausbesitzer ebenso wie der Küchenberater werden in diesem Kommentar zu der Norm nützliche Hinweise finden.

Dr. Wilfriede Holzbach
Das moderne Bad in Alt- und Neubauten

112 Seiten, 152 Abbildungen, kart.
ISBN 3-7906-0010-5　　　　　　　　　　　　　DM 16,80

Bäder für alle Wohnverhältnisse, ihre Planung und Ausführung, Ausstattung und Einrichtung sind Thema dieses Buches, für Bauherren und Fachleute. Praxisnahe und übersichtliche Antworten auf Fragen zur Größe, Raumteilung und -zuordnung, Heizung, Lüftung, Warmwasserbereitung sowie der Schall- und Wärmedämmung.

Preisänderungen vorbehalten.

Udo Pfriemer Verlag · München